GENUINE
WEST HUNAN

地道風物

湘西

002

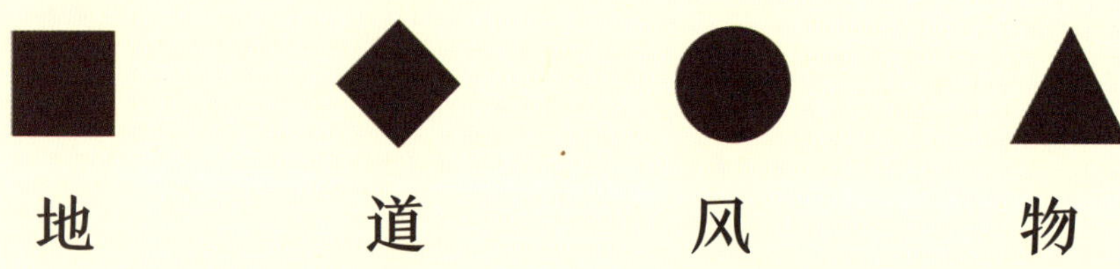

出品人：陈沂欢 欧杰 马蕾
顾问：蒋祖烜 左汉中 邹容 柳肃 张建永 田茂军 童潜明
主编：范亚昆
策划编辑：张婷 马霖
责任编辑：张婷 詹珊 许君达 张刚
图片编辑：何亮靓 张律堂
地图编辑：程远 韩守青
平面设计：何睦
封面摄影：吴越
品牌合作：郭颖谦
营销编辑：林少波 褚新月 贾顺利 惠璐瑶

联合出品：

北京地道风物科技有限公司

新湖南
HUNAN DAILY
湖南日报社

与传统重逢

范亚昆

美国学者贾雷德·戴蒙德兴致勃勃地在《昨日之前的世界》一书中描述了一个机场入境大厅的场景：拥挤的人群、闪烁的计算机屏幕、忙碌的安检员、值机柜台对面卖报纸和快餐的商店、航站楼窗外在跑道上列队的飞机……如此平凡的画面，戴蒙德却用“震慑”和“感动”表达自己的感受——这里是2006年巴布亚新几内亚的首都机场，凡是对此地的历史有所了解的人，大约都会感慨，当澳大利亚人在1931年“发现”新几内亚高地时，约有100万个新几内亚村民正在这片土地上过着石器时代的生活。

从石器时代进入现代社会，80年的确迅速了一点儿。巴布亚新几内亚的“机场神话”却像人类社会发展的缩影，足够使人反思，当先进的技术和丰富的物质改变了人们的生活形态时，我们是否真的与过去全然割裂，变成一个“全新的自我”？很显然，对新几内亚人来说，80年不够；对现代社会的人来说，两万年也不够。变化当然比一成不变更吸引人的注意，然而“机场”只是改变生活形态的工具，在这些工具占领生活之后，许多人发现，一度被遗忘的某些内在需求，终于再次浮出了水面，比如对“传统”的渴求。

在《地道风物》走访中国乡土的过程中，我们发现，对于“传统”的需求已经深入到现代生活的许多领域。一个手工制造的日常工具、一份自然雨露馈赠的食材、一餐地道的家乡饭、一种久违的方言、亲密亲切的乡邻关系、沿袭已久的古老歌曲……这些曾经被遗忘的渴求重新进入人们的视野，成为“机场”之后的新梦想。

遗忘是对记忆的重新整合，只有经历过遗忘，才能将过去的经历与现在的经验转变为一个全新的视角，使回忆起的东西产生全新的价值。对此，20世纪中期，日本民艺理论家柳宗悦在寻访日本民间美术时，表达了对传统“民间之美”的赞叹，也是对“传统”的回忆与发掘——与艺术家的作品相比，“民间绘画之所以让我们动心，是因为其中展现了一种超越个性的世界，带给我们亲近之美，实现了丰润的趣味之美。”这个世界是为所有人准备的礼物。

这个世界是诞生于民间的，它拥有着生生不息的生命力：只有不吝惜淘汰陈旧无用之物，才能在新的生活中延续其健康之美；只有超越奢侈华丽的个人艺术，才能在稳定与简朴中抵达生活的本质。这是追寻“传统”的真正价值，在这个过程中，我们将无数次与传统重逢，也是与自己内心的方向重逢。

这一次，我们自湘西启程。

摄影 _ 尹忠

目录

■ 地

湘西，在隙地发现辽阔 范亚昆 010

◆ 道

穿越『湘西想象』——湘西风土与我们的误解史 范亚昆 038

『风物长新』 039

越过每一个山丘 052

展开湘西的地图 067

● 風

湘西『守艺』人 李锋 084

湖南人眼中的『湘西』 邹容 等 106

山水褶皱里的人生 田耳 欧阳星凯 110

泸溪傩面师，『鬼脸壳师傅』隐于市 雷虎 127

手诀，湘西深处的巫傩密码 张谨 136

▲ 物

凤凰草木染，『最工者愁』 雷虎 145

苗族花带，花样苗女花样证物 雷虎 155

苗银，穿在身上的苗族符号 雷虎 162

通道芦笙，『我有嘉宾，鼓瑟吹笙』 雷虎 172

土家织锦的真相与现实 胖菇 180

花瑶挑花，一花一世界 胖菇 191

知味大湘西，不只『酸、辣、腊』 殷丛 201

在湘西的餐桌上 非牛 213

醋萝卜与酸苹果 曹萍波 222

造腊肉的工厂 胖菇 224

龙巴优酿的苞谷烧 曹萍波 230

湘西的油，自然馈赠的琥珀 田薇 235

古丈毛尖，一芽藏一心 田薇 244

双花盛放雪峰山 刘丽丽 成舸 250

摄影 _ 孙建华

湘

西

GENUINE

WEST HUNAN

由于湘西地理位置的原因，传统的力量在这里更加强韧持久，物质与文化遗存更加丰富多样，人们的生活也呈现出多彩的色调。摄影_李锋

湘西，在隙地发现辽阔

地

撰文 范亚昆

这是一种幸运，也是一种幻象：与马可·波罗或徐霞客的时代相比，如今的世界是一个被旅行者覆盖的世界。每个角落的信息都可以在各种媒体工具上被推荐、被找到，人们不再需要依靠一个孤独旅行者的异闻录来了解未知之地。久之，人们便以为，天下没有不熟悉与不可熟悉之事。

一知半解遮蔽的是对未知的想象。在许多人的印象中，“湘西”就是这样一个一知半解之地。

“凤凰”、“沈从文”、“土匪”等为数不多的几个关键词构筑了一种湘西印象，在此印象之外，这片地域似乎无从想象。它在人们的认知版图上显得十分陌生，而它自身的丰富又尚未得以完全揭示。

究其缘由，对湘西的“模糊”之感不能不说与地理环境有关。

“西部的东缘”

在中国的近代发展史上，两湖之地被称作“通衢”，意即交通四通八达，也因此有了工商业的迅速发展与城市形态的迭代出现。湘西紧邻“通衢”，却因地处边缘，保留了另一番迥然不同的民俗文化形态。在“边缘”与“通衢”之间有一道天然屏障，即雪峰山。

雪峰山因山顶常年积雪而得名，它南起湖南与广西边境，与广西的大南山相接，北止于洞庭湖滨，整体纵贯湖南南北，将之做了东西二分。从大的空间范围来看，雪峰山是云贵高原的东部边缘，是中国二、三级阶梯的边界，自此以东便进入江南丘陵地带。对于湖南来说，雪峰山的意义在于，它是四条河流的分水岭。湖南境内有四条著名的河流——湘、资、沅、澧，它们分别自不同方向汇入东北部的低地洞庭湖，并由此进入宏阔的长江。雪峰山以东，是湘江与资江流域，以西则是沅水与澧水流域。“湘西”的范围大略指代的就是沅水与澧水流域。因此，位于云贵高原边缘的湘西可以被看作中国“东西部的交界处”，或者“西部的东缘”。

“东部”与“西部”本是对于位置的描述，实际形成的却是文化上的分野。即使在小小的湖南境内，“东部”与“西部”的差异也非常明显：雪峰山以东的湘资流域，文化形态演进较快，产生了“长株潭”（长沙、株洲、湘潭）这样发达的城市群落；湘西的沅澧流域，文化类型特征则与西南诸省相似。有民族学学者发现，由于中国二、三级阶梯之间的地势连山叠岭、峡险流急，天然形成了历史节拍比外围地区舒缓的“文化沉积带”，湘西便位于这条文化沉积带的中部。语言学家与历史地理学家则发现，在语言倾向上，湘东地区的方言以湘语、赣语为特征，湘西的主要方言则贴近北方官话，这是受宋代和明代军事移民的影响，形成的时代比湘东要晚。

这恰恰是我们乐于关注的地区。这一地区由于地理与历史的原因，在文化发展上保留了独特节奏，用迥异于普通城市的景观为我们表现出复杂的文化肌理。在这里，传统的力量更加强韧持久，物质与文化遗存更加多样，我们可从乡土中得到更丰厚的收获。《地道风物》从第一卷《广西》开始关注南岭，到现在关注大湘西，就是在寻求发现那些散落在乡土中国之中的美好。

丰富的“大湘西”

如果在地图上寻找“湘西”二字，寻到的会是这样一个名称：湘西土家族苗族自治州。但这只是一个小范围的行政区划概念，不足以涵盖整个雪峰山以西的传统湘西地区。2004年，在一次新的政府规划中，出现了“大湘西”的地区概念，它涵盖的范围包括湘西州、张家界市、怀化市、邵阳市，后来又加入了永州市的江华瑶族自治县、江永县，共39个县市区。大湘西大致以张家界市、湘西州、怀化市为主体，与传统意义上的“湘西”基本重合，它既是有史以来的地理文化概念，也在新的发展战略中被划分得更为细致。

大湘西地处云贵高原东北侧与鄂西山地西南端之结合部，盘踞于这里的武陵山脉是云贵高原云雾山的东延部分，它由东北向西南斜贯湘西全境，地势东南低、西北高，地貌形态的总体轮廓是一个以山原地为主，兼有丘陵和小平原，并向西北突出的弧形山区。从湖南省范围来看，武陵山位于雪峰山西北部，是东西交通的屏障，但局部地段有较低的山隘，因此又构成了东西交通的通道。在武陵山区中，北部的张家界因为其独特的地貌与自然地理风光，格外受到瞩目。张家界的石英砂岩峰林地貌奇崛优美，举世罕见，是中国成立的第一个国家级森林公园，也是世界级自然文化遗产，并且因为在地貌成因上具有典型特征，被国际学术界确认为“张家界地貌”。在世界任何国家与地区发现的同类石英砂岩峰林地貌，都可被称为“张家界地貌”。

湘西虽然是一个相对独立的地理与文化单元，却因为整体属于山区地貌，在这个区域内不易发展出大型文化中心，各个小区域的民族文化能够保留得更完整。这里作为民族文化与少数民族文化的交替地带，早在先秦时期，就是三苗、百越、巴等早期族群的活动区域，后来又受到楚文化、汉文化和其他少数民族文化的渗透，成为文化多样性的保留之地。

湘西的民族文化如今可以大致看到三个圈

在湖南人的概念中，湘西有"湘西州"与"大湘西"之分。湘西州是湘西土家族苗族自治州，大湘西则涵盖雪峰山以西的传统湘西地区。在2004年的政府规划中，大湘西作为一个地区概念，涵盖的范围包括湘西州、张家界市、怀化市、邵阳市，后来又加入了永州市的江华瑶族自治县、江永县，共39个县市区。

层：北部地区的土家族文化圈、中部的苗族文化圈，以及南部的侗族文化圈。

湘西土家族集中于武陵山区，既是大湘西的北部，也是湖南省的西北角，包括龙山县、永顺县、张家界市、桑植县和慈利县（桑植县和慈利县属于张家界市管辖）五个市县。这一带河水溪流密布，主要有澧水和酉水。土家族的历史很古老，至今仍用丰富的族源神话保留着族群的集体记忆，比如“虎儿娃娃传说”“罗子罗妹传说”“葫芦兄妹传说”等都是土家族对自己民族起源的追溯。而土家族信仰的神明也与祖先崇拜有关，在现存的习俗中，有一种原始戏剧“毛古斯”，就是土家族对祖先开拓荒野、捕鱼狩猎等创世业绩的纪念。

苗族的集中地在大湘西中部的花垣、吉首、凤凰、泸溪等县。人们的“湘西印象”中常常提到的“巫蛊之术”，就是源于对苗族的好奇。苗族的确很古老，在秦汉时代，苗族的祖先就已聚居于包括湘西、黔东等地的一个很大范围的区域里；汉代之后，所谓的“五溪蛮”中即包括湘西一带的苗族先民。但“苗族”这个称谓肇始于南宋，在明朝时期才渐渐形成一个稳定的族群。苗族的银饰、苗歌、苗舞、苗鼓作为文化符号渐渐被人熟知，但这些符号化的内容尚不足以使人看到这个民族的精神特质。

湘西另一个人数众多的少数民族是侗族。侗族整体分布于湘、黔、桂一带，湘西的侗族主要集中在怀化地区的通道、新晃、芷江、靖州、会同、洪江等市县。这个民族来源于秦汉时期的“骆越”，是“百越”的一支，先民居住在广西梧州一带，后来渐渐散布至贵州、湖南、广西。“峒”或“溪洞”本是隋唐时期对今侗族居住地辖区行政单位的称呼，后来慢慢变成了对当地民族的称谓。12～14世纪，出于战乱、屯军等原因，江南、江西等地区的汉族迁入侗族地区，渐渐融合至侗族中。由于侗族的主要分布区域并非湘西，而是与湘西“接壤”的区域，所以湘西侗族不像土家族、苗族那样有明显的“湘西特征”。

除此之外，湘西还有白族、瑶族等少数民族聚居之处，仍然保留着各自的文化特色。在水路与交通的重要节点上，湘西又发展出一系列的市镇，每个地点都荷载了湘西某个层面的文化源流。比如里耶曾经发现大量秦代简牍，可以看到秦时这一地区的日常生活状况；作为著名旅游地的凤凰，实则为历史上苗汉对峙之地；沅水之滨的洪江，记载了湘西商业繁华与开放的历史；拥有抗日战争时期远东第二大国际机场的芷江，见证的是抗日战争终结的瞬间……

湘西的丰富，并不是静止的展现，而是一种动态的丰富。

“湘西性格”何在？

湘西与湘东在文化上的分野是一种长期历史发展的产物。以秦岭、淮河为界，中国地分南北，当北方的黄河流域在商周时代发展出大型的政治组织与封建制度时，南方的长江流域虽有了“百蛮”“百越”等各种族群，却没有同时代、同规模的大型政治体出现。春秋战国北方政体分裂、群雄纷争时，南方始出现一支力量整合诸多族群，建立了第一个国家——楚国。与北方逐步发展为主流的儒家文化相比，楚国文化摇曳多姿，蓬勃而有活力，在“百家争鸣”时代出现了足以与儒家文化抗衡的老庄、农家等学派。楚国地域广大，涵盖区域众多，但随着后世发展，楚文化逐渐在各地消隐；唯湘西一带尚能够看到楚文化中的两条重要源流，一是楚辞，二是巫风。

湘西北部的张家界因为有着独特的石英砂岩峰林地貌，成为中国第一个国家级森林公园，“张家界地貌”因为在地貌成因上具有典型特征，也成为世界上同类地貌的通用名称。摄影_孙建华

"can sa na can xie, di dou fei da se. ŋa zi gao xin de mau tan guei tiao."

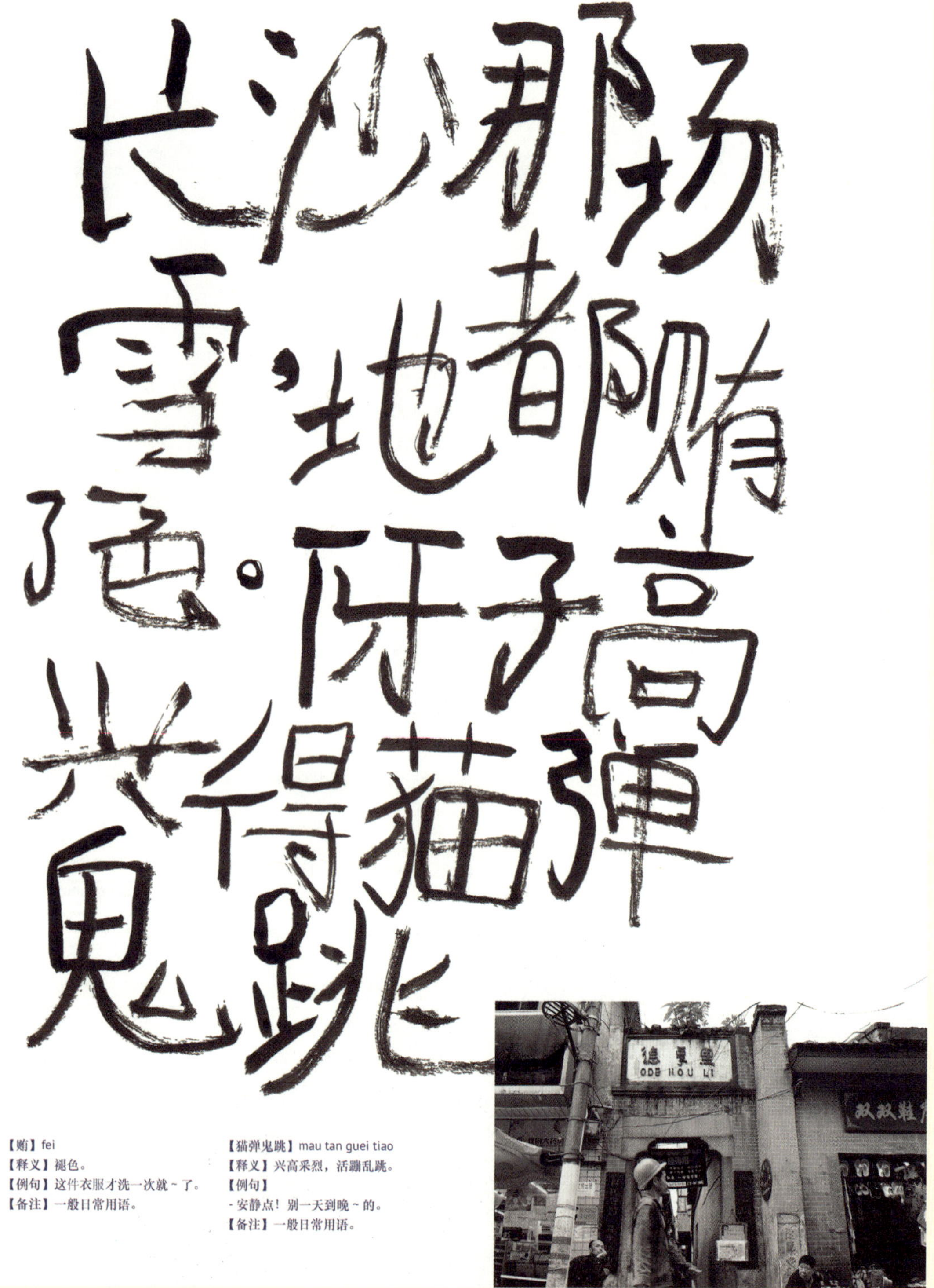

【䞭】fei
【释义】褪色。
【例句】这件衣服才洗一次就 ~ 了。
【备注】一般日常用语。

【猫弹鬼跳】mau tan guei tiao
【释义】兴高采烈，活蹦乱跳。
【例句】
- 安静点！别一天到晚 ~ 的。
【备注】一般日常用语。

把语言用画面呈现出来，看起来很是新颖。作为汉语七大方言中的一种，湘方言有它自身独特的音韵、音调。人们习惯将湖南话看作一个整体，然而在湖南却流传着“百里不同音”的说法。每个区域都有着自己独特的方言，这是不同的文化传承、演变之后遗留的痕迹。湘西与以长沙为中心的湘东在地理、风俗和文化传统上都有很大的不同，使其方言也迥然有别。与方言相似，湘西火爆不羁的性格，与湘东也有着显著的差异。设计_刘释语

雪峰山海拔并不高，却将湖南分为东西两部分，湘东气候温润、鱼米飘香，受中原文明熏陶的历史悠久；湘西则地处偏远、交通闭塞，汉族与少数民族杂居，自成一套朴实、剽悍的地方性格。雪峰山中的紫鹊界梯田利用山泉形成的天然灌溉系统进行耕作，体现了山中先民的生存智慧。摄影_尹忠

湘西群山之间，以澧水、沅水为主干，支流密布，总称“五溪”，实际则远不止五条河流。这里早期族群众多，在“百蛮”之中也别有名称，叫作“五溪蛮”。楚国诗人屈原在诗歌中写下“沅有芷兮澧有兰”，就是写这一带的风貌。楚辞中的神鬼，诸如云中君、山鬼、湘君、湘夫人等，奔放热烈，与北方的神迥然不同。这种巫风传统被中原记载为“信巫鬼、好淫祀”，如今湘西一带仍然保留巫傩传统，于此有一脉相承之象。

湘西能够保留一部分楚文化，与这里地处偏远、文化迭代缓慢有莫大关系。

屈原在《天问》中说：“东西南北，其修孰多？南北顺椭，其衍几何？”这是战国末年一个有代表性的问题。当时交通逐渐发达，敏感的人感到，世界之大，非中国所能尽，而中国各部分也需要更加密切的联系。秦汉之际，开拓交通成为国家的重要主题，彼时五溪一带虽然已经进入国家的郡县系统，但主要地区仍然在少数民族的掌控之中。北方汉人走向南方是一个全面推进的过程，但他们在五溪地区遇到了最惨烈的一次失败。东汉初年，汉朝的军队向南方开发时，五溪蛮的抵抗最为激烈，而五溪一带山多林密、瘴气横行，使汉军大量伤亡。长江以南气候与北地不同，加之五溪地势复杂，在汉人南进的道路上首当其冲，才会出现这次惨败。对于当时的中国格局来说，五溪（湘西）可称得上是“最近的边缘”。然而直到20世纪30年代，沈从文仍然称湘西一带为“边城”。两千余年来，这里在人们心目中产生的变化，远不如外面的世界变化快。

在湘西历史上，“土匪”是一个特异的群体，也是人们对湘西的重要印象之一。清朝末年，湘西民间的“棒棒客”以木棒为武器，劫掠路人或入户抢劫。他们忙时当农民，闲时当棒客，官兵来时是农民，官兵走后是棒客，兵来匪去，兵去匪聚，作乱不息。及至民国军阀时期，土匪变本加厉，

洪江托口镇，人们在过年时祭祀“天地国亲师”。如今托口古镇已经因修建水电站而沉入水底。摄影_旷惠民

在洪江托口镇，巫师带领人们祭拜沅水的保护神“杨公”。摄影_旷惠民

以团伙组织转战交通要道，往来客商无不受侵。湘西至今留存有“杀人坡”“苦乐岩”“血水潭”等匪乱地名，当时之患可见一斑。

匪患缘由，也与湘西地僻有关。一国之中，重要交通道路网络形成之后，大都市即诞生于网络的干线道路上，各种资源、信息也相应集中；离干道越远，资源越贫乏。道路网的末梢，即使地处中原，也会出现穷困闭塞的情况，所以边陲与隙地往往出现不稳定因素，古来农民起义多起自类似地带。湘西既是边地，又是道路网的隙地，才会出现匪患长期不绝的情况。

湘西史上因正面形象被人长久铭记的一个群体，则是“筸军”。湘西凤凰古称“镇筸”，在唐宋以前基本属于苗族控制的区域。宋代之后，中央政府通过征战与军垦进入此地，长期的移民与战争，使这里形成了鲜明的苗汉分界线。在这里，苗、汉、土家等多民族长久以来相融混合的历史现实，使凤凰呈现出多元文化融合与共生的场景。几百年来的苗汉冲突使这里常年拥有一支军队，借“镇筸”之名而称作“筸军”，这也是凤凰既有崇文风气，又有尚武传统的原因。筸军来源于凤凰本地人，但在长期的历史中并非只驻守本地。他们之所以扬名，是因为从清朝末年一直到抗日战争年代，无数筸军走出湘西，在国家战场上以骁勇善战著称。他们参与了鸦片战争、辛亥革命、护国战争、护法战争、抗日战争等大大小小无数战争，在战场上牺牲重大，成为一支不可忽视、不可忘记的重要力量。据载，在抗日战争中，每当新应征的筸军子弟离乡征战之时，家乡父老总要打出“筸军出征，中国不亡”的口号为其送行，慷慨悲壮之气响彻山间大地。

从筸军身上，似乎可以看出一种“湘西性格”。性格总是一种难以总结之物，每个人从不同角度出发，看到的个体、总结的性格、使用的词汇都有不同，难以定论。然而，一地的风土与历史长期作用于当地族群，总能够约略看到族群中相似的性格脉络。湘西民众作为山林民族，固然会有保守固执之表现，然而他们勇武善战而又质朴率真。这种坚忍豁达之性格，在本地历史上只能作片段式的、局部的、复杂的表现，只有放在一个更广阔的空间范围中、在国家命运这样重大的历史局面下，才能在激烈震荡中得以淋漓尽致地表达。

湘西不只有山影响了人们的性格，遍布的河流也孕育了人们性格中单纯、清澈、灵动的因素。出身于“筸军”的沈从文用自己的笔锋将这种性格表达得十分透彻。出自凤凰的美术大师黄永玉称自己是“无愁河上的浪荡汉子”，用一生经历诠释性格中的豁达、灵动。这份无羁无绊大约也是得自湘西水土的滋养……

湘西的文化是一种多元共生的文化，它的山川水土、文化性格，自有深邃漫长的成因，地理原因只是一个发端。这复杂的源流如一条长长的河流，并非一时、一地、一景、一人所能涵盖，而是所有的景致层层叠加与渲染所形成。在阅读湘西的过程中，每个观看者能够看到的风景都极其有限。然而，正是这有限性提醒着我们每个人，对于那些模糊的未知之地，不可失却了探索之心，与宝贵的想象力。

因为，世界仍旧无穷辽阔，大得足以令人敬畏。

大湘西

大湘西是一片具有独特的地理空间、地域文化的整体区域。它的北部是海拔较高的山原台地，与鄂西山地相连，是以土家族为主体的聚居区，历史上是土家族先民的聚居地。西部是武陵山区的腊尔山台地，是以湘西土家族苗族自治州苗族为主体的聚居区。东南部以沅水及其支流的河谷平原地形为主，海拔较低，是汉人移民和王朝治理与开发的最早区域。这一区域以明清两代修筑的“边墙”一线为边界，与西部的苗民聚居区相分隔。摄影_李永生

古老舞蹈

演员们用《神农求雨舞》再现了湘西先民在干旱季节求雨的场景，这是对湘西土家族古老舞蹈“毛古斯”的再创作。“毛古斯”意为“祖先的故事”，土家族表演者浑身裹扎稻草或茅草，模拟先民劳动和生活情节，以此来纪念祖先开拓荒野、捕鱼狩猎等创世业绩。这个舞蹈中保留了土家族先民的种种精神符号，并且与湘西酉水流域诸多旧石器、新石器时代的考古形成了佐证。摄影_尹忠

酉水纤夫

在沈从文的《边城》中，少女翠翠成长于酉水之畔。过去的酉水滩浅水急，自有一套纤夫的生存系统。后来酉水上建了水电站，水流变得宽广沉静，纤夫也消失了。摄影_张谨

芙蓉镇

芙蓉镇原本叫作“王村”，由于20世纪80年代电影《芙蓉镇》在此拍摄而改名。芙蓉镇的瀑布十分美丽，沈从文曾在《白河流域几个码头》一文中称赞这里：“夹河高山，壁立拔峰，竹木青翠，岩石黛黑。水深而清，鱼大如人。”摄影_李永生

老司城遗址

老司城遗址隐藏在湘西永顺县的山里。这个土司城从建成到消亡，经历了六百余年的历史，遗址中包括宫殿、署衙、街巷、墓葬、宗教区等设置。2015年7月4日，永顺老司城遗址与湖北恩施唐崖土司城遗址、贵州遵义海龙屯土司遗址联合代表的“中国土司遗产”被列入世界文化遗产名录。摄影_李永生

洪江古城一角

洪江是个小小的古城，却像一个深邃的迷宫。城中的商业建筑体量巨大、气势雄壮。只有在开放发达的商业文明中，才能产生这样井喷式的昌盛景观。而湘西自古以来在人们的印象中都是遥远封闭的，反差怎会这样强烈？摄影_尹忠

苗族婚礼

镜子里倒映出一场人生盛宴中最动人的片段——在出嫁前一刻，姑娘凝望自己即将出现在婚礼中的模样。这也是苗族银饰正式亮相的经典场景——当下的时代里，只有在这样的重大时刻，苗族的银饰、服饰、饮食、仪式才摆脱掉被日常消费碎片化、符号化的状态，在一整套风俗礼仪中达到意义的完整。摄影_尹忠

飞虎队纪念墙

飞虎队队员的名字被留存在芷江的这面墙上。在第二次世界大战期间，美国人陈纳德率领的美国志愿航空队，又被称作“飞虎队”，他们运用芷江机场参与中国对日军的空战，战绩斐然。当年他们使用的空军作战指挥塔与中美空军俱乐部如今依然留存在芷江机场的一角，成为飞虎队纪念馆的一部分。摄影_郭子鹰

BOS
BOSS
BOVE
BOWEN
BOWER
BOX
BROWN
BROWN
BROWN
BROWN
BROWN
BROWN
BROWN
BROWN
BROWN
BROWN
EDGAR L.
PAUL L.
CLOYD B.
DELMAR K.
J.S.
JAMES W.
JESSE W.
JOSEPH
ROY E.
RUSSELL A.

乾城遺韻

湘

西

GENUINE

WEST HUNAN

穿越『湘西想象』

湘西风土与我们的『误解史』

◇『风物长新』

◇越过每一个山丘

◇展开湘西的地图

流水，人家，吊脚楼……我们心目中的湘西似乎总也离不开这些田园牧歌式的片段。真实的湘西不缺少这些元素，但是远比它们所构成的这一幅静态图景更丰满、更立体。

道

『风物长新』

撰文 范亚昆 插画 文一 摄影 李锋 等

大湘西古市镇

坐落在大湘西地域内的十余座紧密相连的古市镇，给生长于此的人们以认同和情怀，给行走于此的过客以文化的感知。

“想象的地理”

晚饭是腊肉炒了一锅青菜胡萝卜，几个人坐在院子里，围绕着这口锅吃完，天色已暗。客栈老板娘拿了几个碗口粗的大竹节丢在火塘里，给每人递了一个粗瓷碗，倒上茶水。火渐渐旺起，暖暖的颜色照亮了火塘上熏的几挂腊肉，也扫去了几个陌生人之间的距离感，客栈的“围炉夜话”就开始了。

小镇的夜晚，偶听到几声临近春节的鞭炮，遥遥有一点咿呀的唱戏声飘来。瞿大掌柜是个技艺娴熟的夜话主持人，热情寒暄，又掏出手机给我们展示小镇风景照，顺便暴露了他对客人“雁过拔毛”的重大乐趣：手机里的风景照多是在这里留宿过的客人所拍，这些人分别是著名摄影师、媒体人、学者、商人等。他甚为得意、一字不漏地讲出每一个拍摄者的名号、职业、江湖动向，显然是在这样的“夜话”中把每个人都摸底调查了一遍，顺便留下了他们拍的照片和联系方式。

照片上出现频率最高的景观，是一个大瀑布。

如果仔细静下来，会觉察，在周围并不喧嚣的声音里，沉潜着一层更加持久、厚重、底色般的声音，不会突然升高，也不会消失，几乎听不到，却又恒常存在着，就像整个小镇沉静的呼吸声。这声音，就来自照片上的那个大瀑布。

第二天清早，我看到了小镇的这座瀑布。它不疾不徐，在崖上折了一道，蓄了一泓清水，人们沿着这里的跳岩就能走到瀑布的另一侧，一个女人正蹲在跳岩上洗衣服。小镇建筑沿着瀑布的两侧山坡向上展开，瀑布的正对面，是一条平静得几乎不见流动的河流，它穿过晨雾中那些黛青色的山峦，流经这小镇，又在山中不动声色地远去。

这里是湘西，酉水，芙蓉镇。

镇上一条老街，一直延至水畔，街与河流在这里汇成一个小码头，几艘白色的小客船在水边泊着，牌子上写着“列夕”“施溶溪”等地名，都是到附近几个乡镇去的。

这里就是沈从文笔下的湘西水色。20世纪30年代，他用干干净净的眼睛和不可遏止的倾诉欲望，记下了湘西的山山水水和人间冷热。他的行程多在沅水，而此刻我眼前的酉水，便是沅水的一大支流。

在此行之前，我曾大略询及周围人对湘西的

印象，对于没到过的人来说，最重要的三个关键词是沈从文、赶尸和凤凰。来源不同的三个词的奇特组合，形成了一种语焉不详的暧昧与空白，牢牢占据着许多人的湘西印象。除此之外，遥远的人们对湘西几乎无从想象。一位友人带着采访任务亲自走了一趟湘西，归来感叹，那里“没有”什么了——我便明白这“没有”二字，是找寻不到那想象中的纯净与原始风貌了。这次“意料之外”的互动，是一种“想象地理”的产物：湘西既被寄予期望，又承担了莫名的失望，这种错位本身，就成了湘西的一个重要话题。

对湘西的“想象地理”由来已久，而它最初也许源自地理上的真实阻隔。在1910年以前，“湘西”这个名字大约还没有广泛使用，早些时候百姓口中的湘西，是指雪峰山以西的范围。雪峰山脉和北边的武陵山，将湖南分成了湘东、湘西两大自然地理区域，由于雪峰山的阻隔，在明朝以前的很长时间，山以西地区在政治关系上都与北边的湖北地区更加密切，与山以东的湘江盆地反而关系松散。民国时设立的“湘西镇守使”，才使“湘西”这个词语正式确立，湘西镇守使的驻地正在沈从文的家乡凤凰县，而沈从文也用他的反复叙述，使“湘西”的概念渐渐丰满。如今人们口中的“湘西”，有两个概念，一是指湘西土家族苗族自治州，这是一个1957年设立的行政区划；另一个用以指代雪峰山以西的湖南西部，是包含了张家界、湘西州、怀化、常德等地的“大湘西”。它既是原本湘西的地理概念，又在地理分界的基础上形成了属于自己的文化圈。

“湘西文化圈”其实形成得很早，它原本有一个名字，叫作“五溪”。

土司八百年

盛唐时节的一个暮春，正被流放夜郎的诗人李白得知一友被谪至龙标，他不顾眼前的春色饱满，饱含忧戚地写下一诗：“杨花落尽子规啼，闻道龙标过五溪。我寄愁心与明月，随风直到夜郎西。”李白身处的“夜郎”并非史上有名的夜郎国，而是如今的湘西辰溪，“龙标”则是辰溪西边不远处的黔阳城。他的愁心如月高悬，既因为友人被贬谪，又在于此友从繁华的江宁（如今的南京附近）一路来至荒僻处——“过五溪”，便是来到了众人心理上的化外之地，岂能不忧戚。

“五溪”是五条溪流，从北魏到明代，地理书上提及的五溪稍有不同，但都大略指代了武陵山区与雪峰山西部一带，也就是如今涵盖湘西的沅水、澧水、酉水流域。北魏《水经注》说的“五溪”是指雄、满、沅、酉、辰；明代时的“五溪”，说的是酉、辰、巫、武、溆。这里距中原山长水远，气候也截然不同。东汉的乐府诗中有一首《武溪深行》，强烈地感叹着这片地域的气候风貌：“滔滔武溪一何深！鸟飞不度，兽不敢临。嗟哉武溪多毒淫！”写这首诗的是一位名叫马援的将军，他在讨伐五溪蛮时，重病卒于此。

“五溪蛮”指代的是早期居住在这里的人。“蛮”这个字，是来源于中原的一种命名方式。从有文字记载的信史时代开始，中原就被视为华夏文明的中心，在中心之外的民族，依四方不同，被称为东夷、西戎、北狄、南蛮。“五溪蛮”就是居住在五溪一带的南方民族。“蛮”本身有“不开化”之意，意味着没有接受中原文明的熏染，然而若是细究湘西的“想象地理”，“不开化”三个字却渐渐有了更丰富的色彩与评价。

芙蓉镇的早晨不算忙碌，客船一直在水边

泊着不动，老街上的许多店铺懒懒散散直到10点才开张。这里原本叫“王村”，属于湘西永顺县，20世纪80年代著名的电影《芙蓉镇》在这里拍摄，后来小镇就顺势改了名字，唤作“芙蓉镇”，但在客船、乡间小公共的牌子上或是本地人口中，依然称这里是王村。电影中，年轻的刘晓庆是一位做米豆腐的老板娘，如今老街上三步五步就是米豆腐店，大招牌都写着“正宗刘晓庆米豆腐”。米豆腐是大米加水磨浆，又加碱熬制、冷凝成豆腐块儿样，附近几个省的少数民族都有这种吃法。芙蓉镇的米豆腐是小鱼儿状的，加菜煮一碗汤，很随意，适合端着碗坐在路边吃一通。

老街上还有个不大的门面，不是米豆腐店，却是个“民俗风光馆”。房间中央竖了一个不起眼的展品，是个黑色八棱铜柱，要凑近细看，才能见得上面密布着细细的字码。

这个不起眼的铜柱，标志着湘西的一个重要节点。

五溪一带，乃至整个湖南湘资沅澧流域的各个民族，在战国时被楚人征服，设立了黔中郡，郡治在如今的常德。秦伐楚之后，郡治改在如今湘西的沅陵。后来的中央王朝也一直在政治体制上将五溪地区纳入郡县之中，但只是在名义上设立了州、县、峒等行政建制，地方的民族首领仍然有很大的独立性。《后汉书·南蛮西南夷列传》记载，当时对这一类地方首领政权的政策是“附则受而不逆，判（叛）则弃而不追”。汉唐之后，酉水一带最大的一次政权确认行为，就与眼前的这个铜柱有关。五代时期，溪州刺史彭士愁率领万余蛮兵攻打楚属辰、澧二州，楚王马希范率军反击。双方在第二年议和，签订盟约，立“溪州铜柱”为证。在“归顺王化”的前提下，彭士愁获得了更多的权益，尤其是辖区内的独立军权——湘西土司统治的历史开始了。他们自置官吏，拥兵自统，世代承袭，在五代和宋称刺史或知州，入元以后则称宣慰使、宣抚使、长官等司，统称土司。

直到清代“改土归流”，彭氏土司统治历经八百年之久。

王村瀑布高处的开阔处，立了一组纪念铜像，是彭士愁与马希范各自带了人马签订盟约的场景。那二人一人是汉王打扮，一人是蛮酋装束，人马各执武器，周围旌旗飘飘，背后就是远处的酉水，远远望去，真是盛大。我的同伴子鹰先生忽然发现，那楚王马希范伸展的左手掌心贴了一张蓝色的小纸条，在深色的铜像上格外显眼。凑近一看，我们不由大笑——上面写了几个人名，“某某与某某为了某某反目成仇”，分明是两个男孩和一个女孩的故事，字迹歪歪扭扭的。

溪州铜柱原本竖立在不远处酉水河岸的会溪坪，1971年人们修建凤滩水库，就移到了王村。王村瀑布旁边还有一个建于明代的“酉阳宫”，是土司避暑的行宫所在。我们围炉夜话的客栈离土司行宫很近，名字就叫作“土司别院”，虽没有土司，快活的瞿大掌柜俨然成了接纳远近来客的主人家。子鹰先生本是一位知名的旅行家，此刻拗不过大掌柜的恳请，被他拉着签名，我们窃笑着央求许久，才勉强改为大家合影。

老街上卖一种黑茶，是用柚子掏空了心，将黑茶裹在里面贮存，一年到三年的都有，黑漆一大团，名曰“土司贡茶”。西南各地的土司本也很多，土司贡茶并不鲜见，但这大柚子壳裹的一团黑茶，透着一种粗疏豪放的别致，不知是不是这里特有了。

湘西是山和水的世界，水又是人们的湘西印象中不可或缺的元素。水是湘西的交通命脉，也承载着湘西人的生存与生活。摄影_吴越

“有”与“没有”

灵溪是一条明澈灵动的小河，穿过几座小山涌入一个山谷。包围这谷地的几座山不高，却都有着拔地而起的势头，赋予山谷一种与世隔绝的安全感。溪边一株老柳，我站在树下，望向对岸一片空空荡荡的高台地。

一层一层叠加上去的高台地上，就是老司城。它是彭氏土司曾经驻扎了六百年的治所，如今除了台基，已经没有什么了。

什么是人们期待中的“有”？什么又是使期待落空的“没有”？跨过一条摇摇晃晃的木板小桥，就来到老司城前——它是国内最大、保存最完整、历史最久的土司城遗址，已经成功申报为世界文化遗产。不知谁家的白母鸡，正在台基下慢悠悠地走。

溪州铜柱开启的是彭氏家族管理溪州的历史。彭士愁的子孙世袭统治酉水流域，辖区大致包括现在的湖南永顺县、龙山县、古丈县、保靖县、花垣县和凤凰县，相当于如今的湘西州，核心的位置则是酉水干流的里耶盆地到施溶溪出口的峡谷地带。

清朝雍正年间，清廷在全国范围推行“改土归流”政策，将世袭土司制度废除，改为朝廷派遣流官治理地方。彭氏末代土司彭肇槐在清雍正五年（1727年）举族迁回了江西。彭氏土司的历史历27代、近800年。

老司城的台基是沿着山坡修筑的。雍正年间放弃的治所，到现在也不过300年。300年的时间对于一个遗迹来说，宛若一瞬，但望过去，原本的木质房屋早已不存，只剩下地面基址的形状，它们如今被仔细保护起来，像是埋藏了几千年被发掘出来的考古遗迹。只有每层台基上的鹅卵石路面，还是旧时的样子。

遗址上没有别人，我登至台基的高处，正看那城留下的排水构造，忽听得不远处还有声响，抬眼一看，一头驴站定在山坡，气定神闲地嚼草，对我置若罔闻。正在这时，一阵鞭炮声响起来。

旁边是一个小村，同老司城遗址相对，土家族的老民居沿着台基一层一层筑在山坡上，规模几乎与老司城差不多。如果说老司城与村落看起来有什么不同——像是一个老去的人沉睡在曾经年轻的、生机勃勃的自己身边。过去的老司城号称八街十巷，“城内三千户，城外八百家”，如今这个村庄的房屋、鹅卵石小路、房前屋后的柚子树，大概就像老司城有生命时的样子，尽管老司城也许会更繁复一点。

鞭炮之后紧跟着锣鼓唢呐，那村庄高处一户人家有身着白衣的人们进进出出，是在进行一场白喜事。我按住想去看的心，依照对待一个重要遗址“应有的礼数”，先穿过村庄，去拜谒老司城的古墓园。这里是土司与其他贵族的墓园，园区蔓草荒烟，不时飘来一缕唢呐声。与村里正在举行的热闹葬礼相比，这里的安静太漫长。

穿过那些房前屋后的小径，绕了几块小菜地，惊动了一只护着小崽的母鸡，又经过几株柚子树、攀了高坡之后，我终于来到那户人家。锣鼓声已经停止，遍地鞭炮屑和糖纸，一轮即来即吃的宴席刚刚结束，头扎白布条的乡邻亲戚们正忙碌撤席。一个道士打扮的人带领主人家族披麻戴孝的一二十人站在堂屋前，他慢慢唱着节奏，众人跪下、叩首、站起、再跪下，一直重复下去。旁边坡下，许多人将一张方桌围得水泄不通，一种不宜声张却遏制不住的快乐将他们笼在其中，我挤不进，看不到桌上光景，不知是什么约定的乡间游戏。

彭氏土司并非一开始就驻扎在这里，而是从会溪坪迁至此处。周围山谷密不透风的结构，大致表达了主人当时避世求安的心思——纵然是土司家族，也在很长时间中被朝廷所“遥望”，中央政府从来没有终止向这里渗入权力的企图。而土司家族迁到这个山谷中，确实获得过世代安宁——老司城又叫“福石城”，清朝有个贡生在这灵溪边上，写他当时看到的盛大场景：“福石城中锦作窝，土王宫畔水生波。红灯万盏千人叠，一片缠绵摆手歌。”如今，土王宫已经没有，只剩空空的台基。

可是，这里始终没有空芜，连“死亡”都是生生不息的存在。

土家族的由来

我们要经过“洗车河”镇，去“捞车河”村。我的引路人、摄影师李锋坐在副驾上，一副闲极无聊的样子，慢悠悠、笑嘻嘻地，反复拿这两个词磨嘴皮子：“到了中午，我就把车放到河里去洗一洗！”“你们说，是先‘洗车’再‘捞车’，还是先‘捞车’再‘洗车’？”“土家族人过去都是这样，把小推车从上游放到河里去洗，下游再捞出来。”李锋的老友“菠菜”先生早已习惯了他这副无赖嘴脸，一路听歌开车，不理他。

李锋当然知道，“洗车河”和“捞车河”只不过是土家族语言的两个音译而已。酉水流域有许多支流，先前老司城的灵溪汇入猛洞河，再进入酉水；洗车河与捞车河是同一条河流上下游不同的地名，这条河也是酉水的支脉。附近大大小小的村镇有许多都是土家族聚落，看这一带人们的姓氏，若是“彭”、“田”、“向”、“覃”等字，一定都是土家族人。所以有人说酉水是土家族的“母亲河”，倒也很贴切。

“土家”本不像一个族类的名称，凡属久居一地的族类都可以用这样一个名字。在酉水流域，“土家族”这个名称比族人出现得迟得多。上世纪50年代，为了确认土家的民族身份，社会学家潘光旦受命考察了湘西北的土家，也就是酉水一带属于龙山、保靖、永顺等县的非汉族的人群。他发现，这个族群没有文字，但有自己的语言，这语言不是汉语，与周围的苗、瑶、仡佬的语言也不同，有点接近彝语，但又有区别。他们自称“毕兹卡”，“卡”是汉语中“族”或“家”的意思。在与外族交往时，他们自称为“土家”。潘光旦指出，“自称”是比语言更重要的一种自我认同方式。他在更多维度做了详细的论证，于1957年3月写出了《访问湘西北“土家”报告》。国务院据此认定土家族是一个单一的少数民族，土家族正式进入了1957年公布的民族名单。1957年9月，湘西土家族苗族自治州成立。

越接近洗车河镇，引路的李锋越有些焦躁，收回他的笑嘻嘻，苦着脸一连唠叨不想在这里多待。我看到镇上模样时，陡然明白了其中的缘由。小镇沿着河水两侧展开，房屋新旧交加，墙上却都统一被涂了灰粉，上面画出白色的伪砖缝。有些老房为了刷这一层新装，墙面重新整饬抹平，墙角却还是几根老旧木头支撑，像是穿山寨西装的人踏了一双草鞋。原本为了显示“风貌整齐”的苦心，此刻看起来格外怪异，既失了旧时的安详，又没有新兴的健康。

但洗车河有一样物事，却是远近闻名——洗车河霉豆腐。先前在别的乡镇，看有人推着小车售卖，车上就写着大字“洗车河霉豆腐”。如今到了霉豆腐之乡，遍地是霉豆腐摊，一罐罐用透明大玻璃瓶盛着，每块像腐乳大小，裹了一层红色辣椒。据说是因为洗车河的水好，霉豆腐便出了名。

老司城位于永顺县城东19公里处。这里本名“福石城”，是古溪州政治、经济、文化的中心。它的位置经过精心选择，如世外桃源一般隐蔽。在经历了几百年的土司镇守之后，清代“改土归流”使它安静下来，如今只剩下一个没落的遗址。

“红灯万盏千人叠，一片缠绵摆手歌”，清代诗人彭施铎在《溪州竹枝词》中写下了当时土家族摆手歌舞的场面。如今，土家族依然沿袭着摆手舞的习俗，在节日的盛会中尽情释放欢乐之情。摆手舞的内容囊括了上至族源传说、下至日常生活的方方面面，是土家族文化的“百科全书”。

捞车河的样子全然不同。这里四面环山，一水中流，坦坦荡荡的河岸上，土地平旷，屋舍俨然。一座“Y”形的巨大而朴素的风雨桥三跨在河面上，成为进村之路。

村落格局很大，此刻几个木作师傅正借着一片开阔地在修整木料。附近的木作师傅大多来自保靖，他们能按照最传统的方式建造土家族的新房，所以，新建成的村落景观并不显得突兀，反而与人们的生活十分相融，显得质朴健康。他们身后是一个高敞的土家族建筑，并非民居，而是“摆手堂”。在土家族的聚落里，最耀眼的建筑一定是“摆手堂”，前面会有一个广场，形成大家的公共空间。先前那首写老司城的诗里有“一片缠绵摆手歌”，这“摆手歌”就是土家族沿袭下来的集体活动。正月初三到十五，大家齐聚，披五花被，锦帕裹头，击鼓鸣锐，舞蹈唱歌。有时是一村一族，有时是数村甚至数十村，成千上万人参加，男女相携，翩跹进退，难怪诗中形容为“一片缠绵”。

摆手歌的领唱者常常是“梯玛”，是族中主持巫术与祭祀的人。许多摆手歌是既定的古歌，唱的是土家先人眼中的一草一木，也唱出了他们的创世神话与民族历史。在他们的创世歌里，远古洪荒时代，地上有画眉鸟，有葛藤，有马桑树，有青蛙，有小孩子……那是一个现代人难以想象的绚烂世界，如星空一般遥远，土家人就用摆手歌的方式居住在了先人的浩瀚记忆中。

捞车河的新“景观”

我们穿过捞车河村，熟门熟路摸到一户人家。院门开着，屋门却锁着，家里无人。这里是刘代娥的家，她是土家织锦的国家级非物质文化遗产传承人。院子里的模样与这个村庄乃至这片河谷一样，素净、坦荡、敞亮。房屋是土家族的“堂屋加转角楼”，堂屋的木门木墙被桐油漆成亮堂透红的大黑色，门上置了一个素雕的傩面具，傩神守着院子。

土家织锦在土家语里面叫“西兰卡普”，是土花铺盖的意思。既是铺盖，这种织物不同于普通的布，而是专门用彩线在上面织花，比布更厚重，如果用在衣物上，也是额外的花色装饰部分，比如衣裙或头巾。《后汉书·南蛮西南夷列传》中说武陵山一带的武陵蛮“好五色衣服”“衣裳斑斓”，这喜好在后来的本地史志记录中慢慢就变成了更具体的物品——织锦。

院里有一口井，一看就是新置的景观，我试着用辘轳摇了一桶水上来，井水很清澈，但崭新的辘轳摇摇欲坠，果然吃不上力。当地人并不是用这个原始工具取水的。如今各地的许多非遗传承人正在成为村寨对外交往的一张名片，他们的家就格外受到重视，成为本地重点培育的景观。

刘代娥接到电话，从外面赶回来。她近60岁了，是位瘦小的农家妇人，表情不多，却透着一层温和的底色，若不是非说话不可，她可能更习惯安安静静看着来人。李锋对她很熟悉，并不提什么问题，只是细细对她讲，自己最近在做什么事，做到哪一步了，遇到什么困顿，打算怎么去做……嗯，像什么呢？我看着想，像一个晚辈在认真地对长辈汇报自己的近况。

织锦在刘代娥手中有了新进展。她取了新式的围巾给我们看，那围巾一改传统织锦的斑斓色彩，而是取了单一的墨蓝色，只用图案本身的纹理来表现墨蓝色之下有序的光泽变幻，织锦的质地因此变得更加温润、细腻。在工艺上，她却一直遵循着传统，譬如染

湘西许多老村镇上的纸扎店，仍为人们提供传统的纸扎用品。摄影_旷惠民

湘西的托口古镇位于清水江与渠水的汇合之地，二水由此汇为沅水，这里是沅水的第一口岸。摄影_旷惠民

在沅水流域，许多水上谋生者还沿袭着旧俗，利用鸬鹚捕鱼。摄影_旷惠民

老的湘西在逐步变化。因修建托口水电站，2014年，托口古镇沉入水底，过去的生活只能留在人们的记忆之中。摄影_旷惠民

色，都是用土家传统的植物染料。恰巧桌上放着最近新置的一小把染色原料，我拿在手中细看。

那是一种干透的花骨朵，带着花萼，圆滚滚的，舒舒展展的漂亮。它叫作黄栀子，专门用来染黄颜色。我的同伴子鹰先生也是关注古老手工艺的人，他取出了微距拍摄的全套工具，认认真真拍这几朵黄栀子。

我在网上看到过不同的记者对刘代娥的访问，大抵记述了她学习织锦的刻苦实践、搜集织锦图案的艰难历程，还记录了她说的许多话语。出于对一位国家级非遗传承人的尊敬，许多人尊称她为“大师”。而眼前这位朴素的妇人，若称她为“大师”，会有一种不由分说的隔膜与疏远，我更愿意把她看作一位“手艺人”。“手艺”本是一种沉默的行当，语言未必是手艺人的擅长，但如今，他们需要常常面对许多关注与访问，在这个过程中，有些人形成了一个固定的话语套路。比如讲自己的心愿是发扬这种手艺、自己的责任是将手艺传承下去，等等。这些自然不是矫饰之辞，但除此之外，这套语言像一个包裹严密的盔甲，无法透露一个不善言辞的人更多的信息。不出我所料，刘代娥就是这样一个手艺人。

为了打破手艺人的这层语言盔甲，我曾使用过一个特殊的提问系统，其原理是将手艺的过程无限细分，形成无数子问题，在问答中慢慢窥见“手艺”与“手艺人”。这个提问系统期望在短暂的访问中达到最大化的效果，有时是成功的，但也有很大的失败风险，因为我们仍然停留在手艺人那不确定的“语言”层面。

刘代娥带我们去看村里的“织锦传习所”。这里收藏着她收集与织造的珍贵织锦，还有数张织机。她可以在这里带徒弟，教人织锦。她在一张织机前坐下，取出用了多年的牛骨挑子，演示织锦的过程。与我同行的三位先生纷纷举起相机，拍摄手艺人回归手艺的瞬间。

我此行的目的不是完整访问一项手艺，因此没有展开我的“提问系统”。但只稍稍问了两个问题，就被子鹰先生看出端倪，他知道我有一个“工具包”。离开传习所和刘代娥之后，我们一行在捞车河村散步，我便问起，他了解的手艺人的“工具包”是什么。

捞车河村正在被渐渐修整成一个完整的景观，也许将来可以接纳游人。但这些丝毫掩不住整个村庄的明亮与雍容。大风雨桥的桥头，挂了一块匾额，写了四个大字：风物长新。

“要学，学习这门手艺，即使学不会，也一定要‘上手’。”

是啊，无论是语言，还是语言之外，也许我们终究会有一种方式彼此理解，心意相通。

越过每一个山丘

道

撰文 范亚昆 插画 文一 摄影 尹忠 等

明代苗疆长城

苗疆长城，又称『苗疆边墙』，始建于明代万历年间。其时将在土司治内、已纳入户籍，并通晓汉语的苗民称为『熟苗』，反之称为『生苗』。生苗与中央王朝冲突频繁，『苗乱』不断，明政府不断镇压，不胜其累，遂改变征剿之法，在苗疆边界建堡哨边卡以防范生苗。然堡哨间隔过大，难以防范小股苗民劫掠，于是有了边墙的兴修。其后四百年来，边墙几经兴废，如今冲突不再，其遗址已成为重要的人文景观。

苍白的“赶尸”标签

这一天最后20公里是山间土路，车在日落后的黑暗中颠簸了一个多小时。远方低处有了一片隐约的灯光时，我们像在暗夜的海面上看到了可以着陆的小岛，几个人一起欢呼起来。龙山县城到了。

龙山县是湘西州最北边的一个县，县城置在了湖南省的西北缘，与湖北来凤的县城几乎只有一水之隔。

县城最主要的街道大约是一横一竖两条大路，商铺林立，晚上八点半依然灯火通明。有些角落的不起眼的建筑，看起来已显旧态，但像是20世纪80年代的那种从容的“旧”貌，而不是某些新兴县城那种骚动的“土”貌。两条大路上，装有一种很奇特的路灯：灯柱上置了一条S形的龙，同时有无数个LED（发光二级管）灯为这条龙廓形。远远望去，明亮的街上这种发光的“龙”一眼望不到头，很是热闹。这里看起来比我见过的许多县城都更繁华，更有现代感。

李锋带我们去街头吃小摊——“铁板烧菜”。在乡间赶路惯了的摄影师，吃饭大都不讲究，唯图一个“快”字，同行的大家都没异议，一任他带着吃，于是许多日间餐都奉送给了米粉摊店，都快吃出一个“湘西米粉地图”了。与米粉比，“铁板烧菜”简直是要高级许多。我们围炉坐下，摊主是个三十多岁的男人，他整理一下炭火，把铁板端上来，小心放平、摆正，将每道菜按次序在铁板上翻炒。他的动作里有一种罕见而严格的秩序感，不像摊主在街头做一顿饭，而像一个茶艺师在为客人奉茶。闲隙里，我与他聊天，他问我从哪里来，我说从北京过来。

这寒冷的冬夜里，他的眼中闪过不低于两秒的迷茫，问我：“从北京来，要走很久吧？”

坐在灯火辉煌的县城街头，这句话里的遥远与人迹罕至的感觉，让我有点措手不及。也许龙山真的是太远了。

我们来到龙山县城，是为了与一个人相遇——吉首大学研究民俗学的田茂军老师。他正在这一带做田野考察。我一看到他，就知道，他是我想找的人——他对田野中的事情太熟悉，对村寨、道路、饮食、风俗，乃至对人们打招呼的方式、开玩笑的话、地头上的传闻、家长里短的纠葛，都太熟悉了。可是，相遇的时间有限，他藏了一肚子活故事，我却不得不问一个困顿的死问题——赶尸。

在外面的人看来，独具特色的服装与饰品给湘西赋予了一种“他者”的味道。这种陌生感或许是湘西最吸引我们的地方，然而对这里的人来说，这只是日常的生活。摄影_孙建华在他的解释系统中，赶尸与苗蛊都没有神秘感。赶尸是一种特殊职业，要将战乱年代客死异乡的人的尸首背回故土，其中有许多可堪深究的细节不容许这个职业暴露于白日，久之就成为一种包裹了层层迷雾的传说。被人们视为“蛊妇”的苗族妇女大多是孤身或弱势的人，人们将许多不明情况下的中毒反应归于这类人的“蛊毒”，是一种类似于“寻找替罪羊”的心理。田老师讲得非常细致，但远不如讲那些田间琐事时有神采，他一定对许多人解释过这个问题。

“赶尸”这个问题，无论是否能解释清楚，在这片连沟壑都溢满了生命力的风土中，它终究是个很小的问题。可是，它却作为一个苍白而沉重的标签，贴在了湘西这丰厚的山水之上。

它配不上湘西。

它为什么会变成一个印象标签？

在那不熟悉的地方

“遥远”与“不通”曾经是一个很重要的理由。

湘西的里耶是酉水上的一个老镇，也是湘、鄂、渝、黔的交汇之地。它位于武陵山的腹地，视野却很开阔，一条缓和的拦水坝隔开了老镇与酉水，又将人们的生活包揽在其中。老街上安静，有一种曾经富庶的秩序感。它近年的一次出名是因为在一口深井中出土了大量的“秦简”，那是一个秦代官吏的日用文书。这次出土，是秦代文献的一次大爆发。

有一天清晨，我端着相机在里耶老镇上散步，一位坐在老屋门口洗衣的婆婆看到我，便打招呼，问要不要进屋喝水吃饭。她的相邀让我有一种恍若隔世之感，便知道这里断不是一个旅游繁盛之地。连龙山县城与水边古镇都有一种人迹罕至的感觉，更不要说那些山中村寨，我们有多么陌生。

传统的苗族多在这些我们走不到的村寨之中。

20世纪30年代，民族学家凌纯声、芮逸夫受蔡元培的委托，走访湘西苗族，写就了我国民族学田野调查的一本经典著作——《湘西苗族调查报告》。当时，许多学者认为苗族的祖先是上古时期的南方部族“三苗”。凌纯声等人经过细致的考据，否认了这个说法。苗族族源复杂、分布广泛，又有“广义”与“狭义”之分。若细究湘西的苗族源流，凌纯声认为，一派是自贵州迁来的被称为“髦”的古族，一派是自川南迁来黔中、后被楚国所灭的夜郎古国的民族，这两个族群渐渐混合，成为后来涵盖湘西的红苗，而红苗的自称为“果雄”。不过，由于族源是个非常复杂的问题，凌纯声的说法并未一统后来学术上关于苗族族源问题的研究。

许多古籍中描述过苗族的性格，比如《大明一统志》在讲贵州的苗族时说“苗人刚狠轻生，出入常配刀器”。“刚狠轻生”四个字大略概括了人们对苗族的印象。出于这种性格，在湘西的历史上，承担治理责任的土家族大土司，在很长时间里几乎不能对苗人进行有效的统领。

关于这种性格，有一个很重要的历史原因在于，苗族的社会结构不同于其他民族。这个民族崇尚自由、强调自我意识，尊卑全由实力决定，没有精神方面的因素，因此不会形成长期稳定的社会管理框架。这种不稳固的模式，使得外来的统治者无法提纲挈领。

“实力决定论”又使苗人精于战斗技术，加上居于险僻之地，便长期游离于“正统”的统辖之外。

“实力决定论”本不涉及精神方面的因素，却恰恰造就了一个全然不同于正统“文明社会”的精神世界。在沈从文的笔下，湘西乃至苗族的生活简单、尚武、淳朴，遍布缺陷，却如希腊的诸神世界一样溢满原始的力量与光芒。

这既是一种“不开化”，又是一种由“不开化”成就的美。

可是，能够像沈从文一样为这个世界发声的人少之又少，最大的原因还是“不熟悉”。我在长沙时，遇到《潇湘晨报》“湖湘地理”副刊的前主编邹容，她遍访湖南的山川河流，对湘西亦是走访多次，可是，谈及对湘西苗族的理解，她只讲了一个细节：当她惊叹于苗族手艺人的作品时，却发现，手艺人本身对她的惊叹全无反应——那只是他们的日常产物而已。这个被记住与表述的印象片段，既表达了一种趋近理解的努力，又表达了被隔离于那个世界之外的无解。她用的最多的词便是“不熟悉”。

80年前的“预言”

在那个不熟悉的世界中，却有一点唤起了我们的好奇心。

苗族的宗教尚巫、祭鬼，有专职的巫师“巴岱”，和各种祭祀与巫术仪式，那是人们祈祷平安的一种介质与代表。“祈福”并不神秘，只是形式各有不同。湘西州的摄影师张谨先生曾为我展示过他拍的一组照片，是巴岱在做法事时手部的一整套动作，叫作“手诀”。尽管他详细采访了巴岱，将“手诀”中的每一个动作细节都标注了意义，在外人看来，那依然是一个神秘而无法理解的异质空间。

就是因为这种无法理解的“异质”，反而激发了人们想要窥探究竟之心。

民族学家凌纯声、芮逸夫探访的湘西苗族，与沈从文描写的湘西世界，其实是同一个时段——20世纪30年代。他们因此在各自的领域中成就斐然。但是，就像后人认为沈从文的文字对湘西有出于个人偏好的“拣择”与“想象”成分一样，《湘西苗族调查报告》在另一个维度上暴露了自己的“拣择”缺陷。

凌纯声等人认为，苗族与汉族在民族起源与文化上都是同源的，但在文化特征上，苗族又表现出与汉族迥然不同的“苗性”与“他性”。出于各种条件限制，《湘西苗族调查报告》很少涉及政治、经济、生活等问题，也很少关心人类种族、身体特征等内容。而为了表现“他性”的鲜明，学者们专注于苗族文化的“特殊性”，比如房屋、聚落、婚姻、服饰、宗教、祭祖、舞蹈、图腾、接龙、五谷鬼和巫术。

他们的调查翔实而细致，将那些看似“异质”的文化做了最日常化的解释与理解。这样的经验十分宝贵，然而，因为学者们选取了这样的调查题材，多多少少出现了“拣择”的偏好。

调查结束后，当地部分少数民族代表致函蒙藏委员会，指责这次调查极力去挖掘一些已经陈旧过时、鲜为人知的习俗，比如学者让当地人举办当时几乎消失的跳牛、祭祖等活动表演，这样几近猎奇的行为，是“以苗俗古陋，多方采集，制成影片，以为谈笑之资、娱乐之具、谋利之用”。

在山江的苗族博物馆中，展示着苗族的许多生活用品。留心观察可以发现，他们的许多文化细节与汉族同出一源；但只有走入他们的真实场景，才能发现更丰富、更生动的“人的生活”。摄影_李锋

湘西南部是侗族居住的地区，侗族新娘在婚礼前进行打扮修饰。

那时的跳牛、祭祖活动已经不多见，但人们一定想不到，经过了漫长的80年之后的今天，比跳牛、祭祖更加神秘而不可想象、几乎没有人见过的“赶尸”会成为湘西的一个“印象标签”。

这波浪潮，起初也许是源于一些文学作品对“赶尸”的描写，引发了网络上人们的好奇和讨论。而当越来越多的人知道这个奇特的话题时，它就被拿来引用，成为一个宣传工具——在娱乐时代，“赶尸”成为湘西引人注目的一个天然资源。“神秘湘西”四个字，便成为地方旅游局打造旅游形象的标语，“赶尸”也出现在地方文化宣传片中。

回首再看，80年前那12个字——“谈笑之资、娱乐之具、谋利之用”，像一个精准而命中注定的预言。

离凤凰不远的山江有一个用老宅子改建的苗族博物馆，我在博物馆的角落里看到几件大幅的苗族绣品，上面绣有“囍”字、鸳鸯等明显与汉文化同出一源的图案、符号。这才发现，苗族文化离我们很近，而自己先前的知见已经在迷途中走了太远。

并非地方宣传之过，因为这不是一个可以归咎于他人的过程。

与世隔绝的山水孕育了我们的想象，但对“神秘”二字的追踪更源于我们日益封闭的内心。我们对一种民族文化的想象，不但禁锢在一种程式化之中，而且这种程式化是干瘪而丑陋的，不能说明这个民族的特质、精神或力量，却完全倒映了我们自身的偏狭、盲从与猎奇。

手艺人的沉默

屋子里形成了一个有趣的画面：麻茂庭往返于炉火与工作台之间，反复煅烧、捶打一块

斗牛是湘西古老的民俗活动，如今在一些地方依然保留。

每逢农历腊月，湘西人家家都要打糯米糍粑。做糍粑时，要手沾蜂蜡或茶油，将糍粑做得光滑美观。

银锭，直到它变成一支细长的银条；摄影师先生们不断变换位置，用镜头追溯着麻茂庭的每一个动作细节。整整一下午，麻茂庭没有说一个字，三位摄影师先生不约而同地遵守着既定的沉默。没有人说话，四个人各自忙碌，像在演一场黑白时代的默片电影。湘西的腊月还是冷的，我坐在屋中心的矮方桌前，把手伸到桌下的火盆边取暖，哪知那里早已是一只猫先生的地盘，它忍着与我共处了好久，还是觉得不够开心，“哇”的一声跑走，躲到灶台那边的火塘里去了。屋里又安静下来，只剩下锻打银条的声音。

山江是离凤凰不远的一处苗乡，是苗族比较集中的一个居住地。从曾祖父时代开始，麻茂庭的家族就世代制作纯银的苗族银饰，是山江一带有名的银匠世家，远近许多苗族女子出嫁时戴的全套银饰，都是出自这个家族之手。这一天，麻茂庭制作的是一只银镯。

我细细端详他过去制作的一个银冠，那是女子出嫁时佩戴的“重器”，繁复无比，上面每一个非常微小的饰片或绞花，都精细到要屏住呼吸才能看清楚。

我们为什么要进入遥远的山中，去看一个沉默的人打制银器？为什么又有许多人，开始寻访这些几近消失的老派手艺？

每个人的答案一定迥然不同。

老手艺人制的每一件“物”，都是一种风土的产物。在这片风土之中，它为了迎合一种需求而生，这种需求可能来自人们的劳作与习俗。它蕴藏了这里沿袭已久的生活方式，亦表达了沉淀数代的审美与情感。它包容万象，却具体而微：它是一件“物”，可以被使用、被观看，也可以被忽视、被遗忘。它在沉默中带了无数隐藏的意义，如果它能说话，也许它只会说四个字：我在这里。

“物”像一面镜子，每个人在这件“物”中，得到的意义都不一样。手艺人不说话，因为手艺就是他真正的语言。他用每一个细微的动作将“物”的意义送抵每一个人，“物”就是他在沉默之中的最高表达。“物”也成就了手艺人自己，他用最终制成的“物”，来为自己研磨了几十年的耐心“赋形”，也为自己内心的优美、坚韧、顽强“赋形”。

对于观看者来说，“看手艺”又是一个模糊的象征——它象征着在语言之外，每个人对自己的观察与表达。在某种意义上，我们有多么理解“手艺”所表达的风土与新生、固守与变迁、时间与耐心，就是有多么理解我们自身的丰富、变化、沉潜。

在路上

走在山里，起了大雾，大家忽然都很开心，扔下“菠菜”一个人慢吞吞驾车，我们都下车去走路。李锋直接变成一个七岁的小男孩，在浓重的大雾中，甩着头发，唱着没调没词的歌，张牙舞爪、大跳大叫，一会儿就不见了踪影。这是他在路上的常态。等了很久，他重新出现时，说，路遇的羊群里，有几只小羊总是跟不上队伍，他帮赶羊人去赶羊了。

我第一次见李锋时，他正担任长沙一份报纸的部门主任。他的名片上，最抢眼的几个红底大字是报社的宣传语——“党的权威，人民的晚报”；个人信息里，最抢眼的是他的个人微博号——“@他们曾叫我疯子”。我们坐在他乱糟糟的“棚子”里，人来人往，时而音乐，时而宾客，容不得对几句正经话。他晃晃脑袋，对我解释名片，说：“我是个游离于体制之外的体制内人。”

“棚子”是他的工作室，至少有两个教室那么大，里面堆满了奇异的杂物，比如各种各样的组合音响、手工艺品、摄影器材，地上扔着一堆竹节，糊墙用的是名人书法，三脚架上支的是一架木头相机，墙角沙发里住着一窝小猫……没有逻辑就是“棚子”的逻辑。每天晚上都有客人往来，许多人不是来找他，而是来这里喝口茶，吹吹牛，就走掉了。他后来终于弄出一份“常委”名单，是不定时但长期在“棚子”出没的三十几个人。“常委”们自由组合，做各种各样心血来潮的活动，比如做一些文化书、拍摄搞笑的MV，等等。这些活动，大约就两个目的，一是为了大家开心，二是为了“搞点钱”，让大家继续在这里开心。这些活动成果，就像印在李锋名片背后的那一长串新闻奖一样，似乎和他本人没什么关系，他在做事，又像是游离于这些事之外的一个“野人”。

他在做的是另一件事：访手艺人。湖南省的国家级非遗传承人有76个，从2006年开始到现在，他访问过55个，而且与其中许多人感情深厚。他们大多是老人，“我是他们的编外孙子”，他注释说。55个人不全是手艺人，也有许多是戏曲、舞蹈的传承人。这些不是他的正式工作任务，却是他一次一次离开长沙的理由。大家永远也解释不清楚这个嬉皮笑脸的人用什么逻辑去做事，于是叫他“疯子”。

这是一个明确的项目吗？不像。它有任何明确的结果吗？也没有。一拍脑袋去上海做过一个与非遗有关的工作室，后来无疾而终；偶尔做个和非遗有关的影展；现在也在筹划做一个相关的活动，也许就会成功了……此外就是大量的没被整理的摄影、摄像素材，昏昏沉沉地睡在他的硬盘里。

他做各种尝试和折腾，自然会渴望那些事情是成功的。那些事情像一些或强或弱的风，从四面八方吹来，包围着他，推动着他，试图改造他。“我也是一个手艺人。”后来，在山里，李锋说这句话时，好像无数狂乱的风都静止下来。

他不是用“那些事情”来定义自己的。

一路上，他的电话常常响起，各路朋友来骚扰他，他也嬉笑着严重骚扰所有人。但有一次，他对我讲起，过去自己一个人怎样抵达那些遥远难通的群山深处——长途车之后，是小客车，小客车之后，坐摩托车，摩托车之后再步行……就是为了去看一个人唱歌，看一个人做手艺，或者，仅仅是去看望一个人。独自走很久，走很远的路，看到他们时，他安静下来。或者，在山里，在路上，在雾中，在河边，他大叫大笑，安宁幸福。

一些观念上的差异把一个“疯子”与其他人分开。他所获得的力量，不是来自那些“成功”，而是来自一个人翻山越岭的孤独。或许他可以用各种头衔或事件去装饰自己，好像披上一件“合时宜”的外衣，但对于源自血液深处的命运，可能没有选择或拒绝的余地。这种命运，对于有的人来说，是无以复加的孤独，对于有的人来说，却是接近终极的快乐。这快乐有一张难以分辨的面目，也许是孤独，也许是哀愁，也许是困惑，也许是倔强，它无法分享，只能在路途中独自饮下。

在湘西翻山越岭之间，车里常常放一首歌，这时大家便停下说笑，听一会儿，《山丘》：

因为不安而频频回首
无知地索求，羞耻于求救
不知疲倦地翻越每一个山丘
越过山丘，虽然已白了头
喋喋不休，时不我予的哀愁

聂大胡子曾说，他更喜欢看纸扎半成品的骨架，而非最终着色的完成品。对于观看者来说，在某种意义上，我们有多么理解“手艺”所表达的风土与新生、固守与变迁、时间与耐心，就是有多么理解我们自身的丰富、变化、沉潜。摄影_李锋

“等大地回春的时候”

灯光不算明亮，大家围着客厅里带火盆的小桌聊天，每个人都将小桌上覆盖的那层厚毯掀起来盖到膝上取暖。桌上站着一只丹顶鹤，昂着头，是用细竹篾做的一只模型。

聂大胡子坐在桌后的沙发上，端着一只搪瓷缸，缓缓与我们说话，他的夫人坐在一旁，微笑不语。在见到他之前，我曾听许多人在不同的场合提起“聂大胡子”几个字，在人们的传说中，他以“风度翩翩”与“美髯公”著称。我见过他的照片，头戴呢帽，端庄沉稳，气质内敛而光彩外溢。这个人叫聂方俊，一辈子做纸扎，是个手艺人。

他做的“凤凰彩扎”，老辈人叫“纸糊篾扎”，是大家在节庆与婚丧嫁娶仪式上展示的一种手艺门类，狮子头、龙头、虫鸟花卉，造型热烈，已经流传很久。他从小就跟着家人制作，在之前，家族中人做这门手艺做了多少代，他也不知道。同出凤凰的老乡黄永玉大师曾写联赞他：“光长胡子难当饭，全凭手艺耍大王”，横批是“胆小艺高”。胡子漂亮，手艺更高，“胆小”，是说他为人低调。

在来之前，李锋没有打电话预约，只说，我们赌一把，他在家我们就见他，不在就算我们错过了。对一位83岁的老人来说，这是出于一种尊重。李锋说，我看他看了10年，从以前他手艺很好的时候，到后来慢慢手会抖，到现在，不能做手艺了，眼看着他比以前老了，10年。

聂大胡子把搪瓷缸慢慢放到桌子上，手不够稳。他患了帕金森症，已经不再做手艺，但我们都不问。李锋先前说“他老了”，说这句话时有些忧郁，可是见到他时，我不觉得面前的老人有丝毫的“老态”，他只是须发比照片上白了一些，说话却沉稳有力，透着一种无碍的智慧。他对我们说，欢迎你们，我这里是来去自由的，有缘分终究是要见面的。

他慢慢给我们讲，这门手艺很迷人，很“勾引我的心魂”。可是现在手不行了，不接活了，不能砸自己招牌。今天是腊月初六，等大地回春的时候，我就康复了。

他的工作室里，许多工具旁边，放了一排小狮子头，是裱糊好、上了红彩的完成品。他这辈子做的纸扎无数，最大的一组是为奥运会做的“边城巨龙”，许多人才能舞起。可是客厅里，被他摆在最显眼位置的丹顶鹤，像一个半成品，没有裱糊，更没有色彩，只是篾扎的轮廓。大胡子曾在许多场合提到，骨架是纸扎的灵魂。我们小心翼翼将丹顶鹤放在小桌上，大家围坐着看。

这只作为轮廓存在的“鹤”朴素非凡，它单脚点地，展翅、昂头，是起飞前一瞬间的姿态。

它静止在那里，既是一个轮廓，又是一个空间。它既表达了一瞬间，又占据了无限的时间——欲飞的不只是这只“鹤”，有一种无形的力量也在这轮廓间回旋，仿佛也要挣脱出来，超越这竹篾的轮廓，超越这作为“鹤”的纸扎作品，超越它所模拟的“鹤”这种动物形体，也超越“鹤”所具有的生命活力，直接抵达“优美”这个词本身。

它像在诠释这个手艺人做了一辈子的无数作品，又像在诠释他内心的自由。

辞别时，他送我们出门，立在阶前，遥遥挥手，声音洪亮地叮嘱这些新旧相识的年轻人：“要耐得住波折。”

10天后，我在北京得到消息，他去世了。那一天是立春，大地回春的时候。

聂方俊的纸扎狮头
摄影_李锋

沱江上的虹桥，是凤凰最著名的一座风雨桥，它始建于明代洪武年间，历经修缮。如今虹桥周围遍布商家，既是凤凰的一个重要景观，也成为凤凰市井生活的一个载体。摄影_李锋

展开湘西的地图

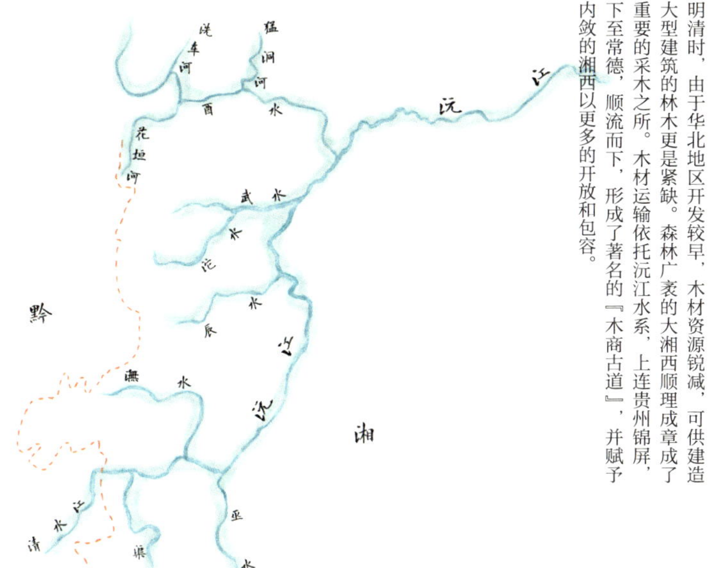

木商古道

明清时，由于华北地区开发较早，木材资源锐减，可供建造大型建筑的林木更是紧缺。森林广袤的大湘西顺理成章成了重要的采木之所。木材运输依托沅江水系，上连贵州锦屏，下至常德，顺流而下，形成了著名的『木商古道』，并赋予内敛的湘西以更多的开放和包容。

凤凰：城与乡的对立

夜晚下一点小雨，我们终于站在了凤凰的桥头。此刻“疯子”端着相机，猫着腰，弓着背，在桥上走来走去，瞬间化身为一位街头景点摄影师，冲我们几个人大喊：“拍照不，5块钱一张！”然后非要拉着给我们每个人照“景点纪念照”，背景是凤凰古城的夜景。

背景处，凤凰的一片灯火，在烟雨迷蒙中璀璨闪烁。这里是“凤凰”，许多人唯一知晓的湘西地名。

桥头有一条小径，可以下到古城中，几个工作人员站在那里，待收门票。过桥之后，每一个进古城的小巷口都坐了人，把守着入口。假如住在古城的客栈，就可以免票，于是李锋进去找他熟识的客栈老板，半晌回来，双手一摊，说客栈关张了。大家刚要买票就被他拦住，神神秘秘地要带我们“做坏事”，找个无人值守的小路，哧溜就钻进了城里。

晚上八点半，街上被各式小商铺、酒吧、客栈的灯光和音乐挤满，但是，也许因为是腊月里的淡季，游人不多。许多店铺像在空守一个约定，要守着凤凰这热热闹闹的夜晚。“菠菜”说，过去游人多的时候，会把人挤到河里去。

在人们心里，这里又不单单是一个地名，是过去的凤凰、现在的凤凰、未来的凤凰。

这里是沈从文的故乡，有他14岁之前居住的故居，是他使凤凰在中国文化版图上声名大噪；这里是凤凰景区，是长期以来湘西的核心旅游地；这里是抵住各方压力开始收门票的凤凰古城，古城的未来在众人的关注中暂不知晓。

人们总是喜欢怀想过去。无论这个古城的今天或未来如何商业化，在许多人的想象中，这里的过去总是一个遗世独立的王国。沈从文说：“苗子放蛊的传说，由这个地方出发。辰州符的实验者，以这个地方为集中地。三楚子弟的游侠气概，这个地方因屯丁子弟兵制度，所以保留得特别多。在宗教仪式上，这个地方有很多特别处，宗教情绪（好鬼信巫的情绪），因社会环境特殊，热烈专诚到不可想象……”

可是，关于“遗世独立”的想象其实是一个错觉。这里非但不是一个独立的文化区域，而且有一个更重要的身份：明清之际苗文化区与汉文化区的界线中心。在长期演变中，苗族分化为归顺于汉文化的“熟苗”与游离于汉文化之外的“生苗”（这两个名称又是来自汉文化的视角）。对于生苗，中央王朝的方法是，修筑了一条长城一样的“边墙”，将被称为“苗疆”的苗文化区隔离开来。过去被称作“镇竿”的凤凰，就是历代统治者稳固苗疆的咽喉之地。

美国有一位专门研究沈从文的汉学家金介甫，他在自己的著作《沈从文传》中写道：“像这样一个苗民与汉人、山区与河谷、西部与东部具有明显冲突的地方，怎么会被人看成一片有共同特征的区域呢？”

“凤凰印象”其实是“湘西印象”的一个缩影——很久以来，对于湘西，我们忽略、遗漏了一些东西。

其实沈从文提醒过我们，只是我们不曾去仔细探究。他说自己是个“乡下人”，一边认为自己有不可摆脱的乡下人的“土气”，一边热诚赞颂与固守乡下人的道德。而“乡下人”的反义词，是“城里人”。

湘西不止有“乡下文化”，还有“城里文化”。金介甫曾解释过这个问题：“乡下”与“城里”是中国城乡普遍存在的社会界限，在湘西，它又包含了种族界限，当苗民被同化后，这种界限又成为一种文化界限。

沈从文固然因为认同“乡下人”的价值观，所以只描述他认可的湘西印象；而后来旅游业的兴起，要找寻不同于汉文化与城市文化的“异质”之点，更加放大了这种湘西印象。他们在无意中遮蔽了一种被认为“遍地可寻”的城里文化，吊诡的是，多年以后，这种被遮蔽的文化反而成了人们“湘西印象”中的盲点。

湘西的“城里文化”何在？

吉首：“符号式”的印章

是吉首的乾州古城让我第一次意识到这种忽略。

吉首是湘西州的首府，平平坦坦的一个小城，交通便利，是去湘西许多地方的起点。城里有一条宽敞的“人民路”，南北贯通，商铺林立。沿着这条路南行，在众多商铺之间，挤着一道大门，虽被修成城门的样子，却很容易被忽略——那确确实实就是一个城门，进去就像一步跨入某个主题公园——一个明清模样的城，乾州古城。

“主题公园”这个词也并非很恰当，城中只是大致保留了原有的道路格局，主路上的建筑许多都是新建的，半仿古样式，开着旅游纪念品店、小书店、客栈。它们与某些角落的老房子老院子混杂在一起，有的是清代老屋，有的是几十年前的民居，人们生活其间，让不大的古城有了一种参差多元的时代感，比单一主题有了更丰富的肌理与变化。

城的另一端，便是一组真正的城门楼，俯瞰着城外的万溶江。但这个季节，万溶江裸露着河床，没有多少水。四面望去，远山环绕。

有一天清晨静谧，天空还是青灰色，我一个人跨过万溶江上摇晃的铁索桥进入乾州城。城门下几株红梅正盛；城还没醒，小街巷处，一个小院落门上的灯亮着，照着门外几丛花草，独自兴致盎然。行至一处，忽然觉得气氛端庄、不同寻常。一条长长的青砖墙隔离了一所大院落，既不是住户，也不是商铺。隔着青瓦砌成的镂空大窗望进去，院内格局空旷而谨严。那是一所文庙。

如果“汉文化”要给自己找寻一个专属的、符号式的印章，这个印章往某地一盖，就标志着这里有了汉文化生生不息的源流，那么，这枚印章不是府衙，不是城门，它一定是祭祀孔子的文庙——汉文化的核心表达，就是儒家文化。

原来湘西州的首府，早就被钤了这方印记。

“吉首”这个词，据说是苗语的音译，意思是“生养的地方”。“乾州”这个词，却带了十足的汉文化基因——包围乾州的，除了万溶江，还有一条河流，名叫天星河，二水绕州，三陆横陈，形成了一个“乾卦”，所以得名“乾州”。“乾州”的名字古来便有，而“吉首”这个名字1953年才出现。乾州城外如今仍保留着“头炮台”“二炮台”这样的地名，与南北“喜鹊营”“镇竿”这样有军事色彩的地名相呼应，可见在纷争激烈的清代，它的军事重镇身份不容忽视。

其实，早在清朝雍正年间“改土归流”之前的土司时期，湘西也不乏汉文化的影子。在王村（芙蓉镇）的那组结盟铜像中，即将成为第一位大土司、统领本地各项权力的彭士愁虽是土家族蛮酋打扮，但实际上，自此以后，土家族的世袭大小土司都是用的汉文化的治理方式。他们接受中央王朝的封号，在辖区内推行汉地儒家文化，并且将祖先认定为汉族历史上的名人。元、明时期，土司们采取“恃文教而略武卫”的政策，土司子弟，悉令入学，“渐染风化，以格顽冥。不入学者，不准承袭”。湘西许多地方因此纷纷建立书院，甚至有许多来自他方的失意官员到五溪一带隐居，招徒讲学，湘西在某种程度上早已经进入了儒家文化圈。

天色终于亮透，街角一方小门打开，一位嫂嫂在门口支了小摊，端出一屉一屉的蒿草粑粑摆开。绿油油热腾腾的糯米团子，瞬间就把清冷的街头蒸热了。

黔城：沅水边的梦

到达沅水边的黔阳古镇时，是一个时间仓促的傍晚，细雨霏霏，我只有45分钟时间将镇上的路独自走一遍。然而，一走进这个地方，就像从一个芜杂的现实掉入黎明时分的一个残梦，它属于另一个时空，用的是另一种时间速度。

正好赶上放学时间，三三两两穿着校服的中学生走在老石板路上，有的打了伞慢悠悠说笑，有的捂着头，跑几步就在街角没了影儿。路边的普通老房子，经过多年修修补补，叠加了许多年月的风格痕迹。那些理发店、药铺、古董店，纷纷挂着幡，打着灯笼，掌柜们坐在旧窗后打发着时光。那些面目严肃的祠堂、书院、府衙、文庙，隐没在出其不意的角落。锵，锵，锵，一位戴着斗笠的老人坐在一户人家门口，认认真真磨菜刀。街上有指示牌、建筑名牌、地图，显见得人们努力把这里造成一个“景区”，但这是一种徒劳的失败或成功——指示牌几乎没有带来“景观感”，这里就是一个老镇而已。

“杨花落尽子规啼，闻道龙标过五溪”，李白的那位朋友，因为谪至龙标而被人称为“龙标尉”。龙标，就是眼前的黔阳，“龙标尉”，就是王昌龄。这里是王昌龄生活过七年的地方。

镇上有个很小的南门，安安静静的，跨出门来，一街之隔就是沅水。望向对岸，仿佛一个梦在经过无数闪烁不定的细节之后，突然展现了最宏大的影像：山川如幻，莽莽苍苍。

摄影_李锋

摄影_林帝浣

摄影_林帝浣

摄影_李锋

彻夜不休的酒吧与客栈里灯红酒绿，年轻的人们聚在沱江边的夜色中畅饮、欢唱；各式各样的旅游产品——从小小纪念物到大型演出——被创造出来供人们消费。人们在这些商品中寻找自己印象中的湘西，却时常发现：我们心中固有的"边城意象"在商业的浸淫中正逐渐变得模糊。如今的凤凰，过于浓重的商业味道总能招来诟病，来此"寻梦湘西"的游客却从未减少。人们总是喜欢怀想过去，无论这个古城的今天或未来如何商业化，在许多人的想象中，这里的过去总是一个遗世独立的王国。

王昌龄写道："寒雨连江夜入吴，平明送客楚山孤。洛阳亲友如相问，一片冰心在玉壶。"这首送别友人的《芙蓉楼送辛渐》，据说写于龙标水畔。镇边上正在修葺一栋老建筑，就是诗中的芙蓉楼。王昌龄被谪至龙标前，曾在江宁任职，如今南京附近的镇江也有一座芙蓉楼，他是在江宁送别辛渐，还是在龙标？人们并不曾认真查证这件事。这不难辨别。王昌龄写过两首《芙蓉楼送辛渐》，另一首写道："丹阳城南秋海阴，丹阳城北楚云深。高楼送客不能醉，寂寂寒江明月心。""丹阳"是江宁的地名，两首诗都是写于江宁。

但是，诗中的辽阔、空旷、孤寂，还有不息的寒江，与眼前这冷雨中的寂寂山川何其吻合。又有谁能辩驳，写诗的人在这里不会更加孤独呢？

另外一位诗人，在距离黔阳不远的溆水之滨，面对幽眇的山川深林，写下一首更加宏阔而孤独的诗。诗中说："入溆浦余儃徊兮，迷不知吾所如。深林杳以冥冥兮，猿狖之所居。山峻高以蔽日兮，下幽晦以多雨。霰雪纷其无垠兮，云霏霏而承宇……"他是屈原，在溆浦写下了《涉江》。

我自水畔折返回镇上。行至一处幽静大宅，那黑漆大门紧闭，门上挂着"节孝祠"的大匾额，两侧是几排深蓝色名牌，都是以"中华民国"开头，分别写着"党部""参议院""报社""特训部"……忽然身后冒出一位披着大衣的老人，他举止优雅、文质彬彬，见我仰观大宅，便取出钥匙，要邀我进入细观。但我碍于时间，遗憾婉拒。他一笑，挥挥手，说："你可以明天再来，我会在这里。"言毕转身，缓缓消失在巷尽头，就像一个梦境应有的结尾那样。

洪江：中国版图上的湘西

踏进洪江古城的一刹那，关于湘西的许多问题一下子明朗起来。

沿着沅水边的路，洪江离黔阳只有20分钟的车程。这是一个水边小城，有着今日的生活景观；其中的"古城"更小，犬牙交错地镶嵌在一片居民区中，只有一个很小的古城入口，望着街对面的沅水。水上泊着渔家的船，船头蹲了一排待命的黑色鸬鹚，旁边还站着一只瞧热闹的白鹭。

站在这个小小的古城门口，却像面对着一个深邃的迷宫。城中的巷道不规则，幽深曲折、高低错落，道旁的建筑敞着或关闭着一扇扇大门，像迷宫中不知所往却诱人深入的未知入口。那是一个一个的商行、钱庄、青楼、烟馆、酒店、作坊、厘金局、寺院、报社、客栈、戏台、学堂……这些挤挤挨挨的建筑多是清末民国之作，全部体量巨大、气势雄壮，却没有府衙或文庙的威严与凛然之感，几乎全部是商业或生活建筑。在介绍数据中，城内有18家报社、23家钱庄、34所学堂、48个戏台、上百家店铺。

只有在开放、发达、流动的商业文明中，才会产生出这样井喷式的昌盛景观。而湘西自古以来在人们的印象中都是遥远、封闭的。反差怎会这样强烈？

答案出自沅水。沅水又叫沅江，这条湖南省的第二大河流，发源于贵州，在它流经黔城之前，有龙头江、诸梁江、清水江等名字，自黔城之后始称沅水。它在湘西汇集了诸多河流，这些河流有渠水、沅水、巫水、溆水、辰水、酉水……沅水与武陵山区北部的澧水携手，它们与各自的支流几乎囊括了史上记载的不同的"五溪"。二水最终突破武陵山与雪峰山，汇入湖南北部的洞庭湖。沅水流域面积达到8.91万平方公里，其中大部分是崎岖的山区。

“崎岖的山区”几乎就是对湘西大部分地貌的描述。这使得湘西的陆路交通发展很慢，整个湘西在20世纪30年代中期还不通汽车，许多公路修建于20世纪50年代，但仍有一些险要不通之处近年才得以克服。距离吉首只有20公里有一座矮寨大桥，这座罕见的特大悬索桥建成于2010年，它在空中飞跨过1 000多米的德夯大峡谷，连接了吉首与茶峒，也直接连通了长沙到重庆的高速公路。当我们行经矮寨大桥时，大家既仰慕德夯大峡谷的极险与极美，更惊叹于矮寨大桥的壮观与不易。

在崎岖难通的山区中，沅水与它的各条支流像一道道血脉，代替了困难重重的陆路交通，给这片区域带来给养与活力。而沅水上的洪江，就处在“五溪”的中心地区。

与道路的迟滞相比，水路的便利使洪江在唐代就出现了草市。到了明代，洪江的重要地位并不只显现于“五溪”地区的地图，而是出现在了中国的战略版图上——洪江的位置在云贵高原的边缘，明朝军队多次征伐大西南地区，这里成为一个非常重要的咽喉之地，必须长期驻军。因此，明朝大将刘基（伯温）亲自率领以江西籍为主的部队进驻洪江的堡子坳，当地的苗王实力不敌，率众离开。洪江一带多山而少田，军队很难开展“屯田”，因此就地采用了“商屯”的方式，洪江古城的商业贸易渐渐发展起来。

从商业角度来看，宋代开始，中国的经济重心已经从最初的黄河流域移至长江流域；明清之际，海外引进的玉米、甘薯等农作物比较适应西南山地的气候和土质，粮食产量大增，许多人口涌入大西南地区，西南也得到了开发。洪江正处在大西南与长江流域的水路连接点上，十分适宜商贸的开展。

洪江在明末清初一跃成为西南地区的商业重镇，从西南经洪江向东输出的货物有竹、木、桐油、茶叶、药材，从东部地区输入的商品有食盐、棉花、布匹、百货等。后来这里几乎成为大西南的物资枢纽与金融划拨中心，集中于此的木材与桐油大部分销往沿海与东南亚。大批商人移民至此，城里汇聚了四川会馆、山陕会馆、长沙会馆等48家会馆。这里既有政府设立的管理盐务的缉私局、课税的厘金局，也有民间的镖局，而美孚洋行等几座大型商行更是风光尽占。

与洪江相比，明朝时期另一支同样以江西籍为主的军队进驻贵州安顺地区，世代屯垦，因为很少与当地少数民族交往，至今仍然保留着一些明代江西、江淮一带的风俗，这些汉族人如今被称为“屯堡人”。屯堡人是自给自足的农业生产方式的遗留文明，不涉外界；而洪江的商贸活动却像一个渐次展开的旋涡，将远近各种资源融汇与传递出去。

河流带动了湘西的水路与码头文化，沿河望去，湘西的水上文明不止洪江，还可以数出曾经繁荣的诸多商镇：所里、里耶、王村（芙蓉镇）、浦市、麻阳……如果说，土家族、苗族等文化表现的是湘西“内向型”的“山文化”，洪江等一系列商镇展现的则是湘西“开放型”的“水文化”。

洪江古城是一把钥匙，打开了湘西的黑匣子，里面藏着一幅关于河流与山地的动态地图，上面绘制着湘西的地貌，以及人们在其间选择的生活历程。

湘西的地理特征有效延缓了现代文明的步伐，老一辈人们还保持着一些沿袭多年的生活习惯。图为洪江的老人在自家院内祭拜祖先。摄影_尹忠

“地理的终结”？

十几年前，英国地理学家霍洛威（Holloway）与哈伯德（Hubbard）曾在他们的著作中提出了一个有趣的观点，叫作“地理的终结”（end of geography）。这种设想认为，随着全球合作以及媒体机构在全球传播相似的产品和形象，一个各地共享相似社会文化特征的时代会到来。言下之意是，“全球化”是由信息、知识和技术领域的全球性变化的滚滚巨轮所引导的相对新近的现象，这种现象可以抹平地理因素导致的各地文化差异。

这个设想并不新鲜，它早已在各地的发展中被屡屡验证。但是，即使无数个成功案例叠加，就能证明“地理的终结”这个结论吗？在中国历史上，有类似的过程，可以看到有意思的对比。

历史学家许倬云先生讲到中国历史时，曾经提到，华夏与夷狄，不是对立，而是在“中华文化圈”的影响下，逐渐转变。这是一个动态演变过程，原本处于周边、不属于这个文化圈的楚、秦、吴、越地区，在其影响下，渐渐编织了许多祖先谱系，进入了这个文化圈的秩序之中。这个过程，许倬云借用了人类学的一个词语，称为“涵化（acculturation）”。这是一个文化价值观趋近统一的过程，在某种意义上，华夏文明的“涵化”类似于今天的“全球化”。而“中华文化圈”的价值核心，在历史演变中，慢慢沉淀为“儒家文化”。

在湘西，土司们采取“恃文教而略武卫”的政策，悉令弟子入学，令其“渐染风化，以格顽冥”；并且，在精神层面上，将自己的祖先传说编织入华夏传说中，这是对儒家文化的一种主动选择与承袭。所以，在大部分重要的地点会有书院、文庙、忠孝祠这样的文化景观。接下来的过程里，在中国其他地方，乡村文化也会逐渐转变，进入儒家文化的宗法体系之中，各地文化差异因此缩小，

“地理”得以某种程度的“终结”。

但是，在湘西，这个节点没有发生。湘西只有城镇有儒家文化景观，乡村仍然遵循的是本民族文化。这就是金介甫在《沈从文传》中提到的，湘西的“乡下”与“城里”不只是城乡界限，也是文化界限。

“渐染风化”本可以导致“地理的终结”，然而，在湘西阻挡“渐染风化”的最重要原因，恰恰是“地理的障碍”。

在真正的偏远不通的山中，散布的村寨聚落对内凝聚为生活共同体，既不扩张，也不吸入容纳外来文化，而外来文化也被山水阻隔，无力进入。在历史上，这个阻力无以破解，于是只得产生了苗疆“边墙”——用一道具体的墙将两种文化隔开。

“渐染风化，以格顽冥”是一种意味深长的态度。“顽冥”是土司们对本地民族的性格总结，这句话是要尝试摈弃这种山林民族的特性。在沈从文的眼中，凤凰一带的乡下世界是遗世独立、生活太平、原始能量异常充沛的乐土，城里文化所代表的儒家文化在对比中却显现出孱弱苍白的一面。

是“地理”保存了两种文化，使它们在辗转对峙中，映衬着彼此的缺陷，又闪耀着各自的光芒。也是“地理”的原因，才在水边发展出了与上面两种文化截然不同的、开放的商业文化。

芷江：世界版图上的湘西

沅水横穿芷江这座小城，空远辽阔，浩浩汤汤。

芷江侗族自治县，隶属于湖南省怀化市。在中国卷帙浩繁的历史长卷中，这个地点很小，小到像一个标点符号。这个符号却太沉重——它是一个句号，它所结束的篇章，叫作“日本侵华战争史”。

1945年8月21日下午4时，芷江城东七里桥，在经历了与中国陆军领导人52个小时的商谈之后，侵华日军副总参谋长今井武夫在日本投降备忘录上签字，日本无条件投降，史称“芷江受降”。受降地点中国陆军总司令部和受降会场，如今仍然原样保留，那是几座简洁肃穆的黑色木屋，人们在廊上端端正正挂了几个绿色的竖匾，写下“维护世界永久之和平”。

选择芷江作为受降地点的一个重要原因在于，芷江拥有“二战”中盟军在远东仅次于昆明机场的第二大国际机场——芷江机场。

“远东”是来自欧洲的地缘视角，它意味着湘西的芷江突破了“中国”的地理版图，在一个更加宏大而复杂的历史进程之中发挥着作用。

1937年“卢沟桥事变”和上海“八一三”事变之后，国民政府临时由南京迁都重庆，芷江所在的“西楚咽喉”就成为具有重大军事意义的地点，蒋介石电令湖南省政府扩建芷江机场。从1937年12月起，国民政府航空委员会征调芷江周边11个县的民工，先后总计1.9万人参与修建机场。这是一个当时的民众“用石碾子碾出的机场”。1938年10月，芷江机场竣工，此后，国民党武汉航空第九总站与南昌飞机修理第二厂相继迁来芷江。从1938年冬到1945年10月，进驻芷江机场的有苏联志愿空军中队，美国空军第十四航空队战斗机队、运输机队，国民党空军第四大队、第五大队（中美空军混合大队）、第一大队等空军部队。

洪江古商城
福全堂
山西商帮

洪江古城像一把钥匙，为人们打开了湘西的另一面印象：开放、流动、商业发达。湘西因此成为当时中国版图上一个重要的交通枢纽。

摄影_尹忠

芷江机场既是“二战”时期国民党重庆政府的前进机场，也是盟军的战略空军基地，在很长时间中，这里都是军事保密的重点地区。驻场空军除了参与对侵华日军的空战，也担负着掩护从昆明机场起飞的重型轰炸机对华北、华中日军基地实施战略轰炸的任务，对切断日军后勤补给线，封锁长沙、湘江和京广铁路运输，阻止日军进攻大西南起了非常重要的作用。

芷江机场最繁忙的时期是1944年至1945年8月。当时，机场汇集了中美空军一大批先进的战斗机、侦察机、轰炸机、运输机，最多时达到三四百架，在机场工作的美空军地勤人员就有6 000余人。

在这里进驻的最著名的一支队伍，是美国人陈纳德率领的美国志愿航空队，人称“飞虎队”。飞虎队当时的指挥塔、俱乐部如今依然在机场的一角留存，旁边建了一个陈列室，庭院中树立了陈纳德与飞虎队的石雕像，成立了一个“飞虎队纪念馆”。像许多纪念馆一样，馆中展示了飞虎队的历史与遗迹，包括飞虎队著名的绘有鲨鱼图案的“P-40”战斗机。

1944年4月，豫湘桂战役展开之后，郑州、洛阳、长沙、衡阳、桂林、柳州等地的中国机场相继陷落，芷江机场成了中美空军唯一的前进基地，日本决定拼力拿下这个机场。1945年4月，中日双方一场围绕芷江机场的争夺战——湘西会战（又名芷江会战）打响。日军出动主力部队第二十军团，共8万余兵力，兵分三路向芷江合围。雪峰山东麓地区成为重庆国民党军事委员会倾力打击日军之地，只有在这里阻止进攻，才能死守芷江战略空军基地。国民党陆军总司令何应钦亲自担任总指挥，参战的陆军有8个军23个师，约12万余人。4月9日，战役正式打响，日军从安化、益阳、宁乡、双峰、邵阳、东安、新宁、武冈向湘西发起全面攻势。中国地面部队和中美空军与之进行了近两个月的战斗，1945年6月7日，日军被迫撤回原阵地。湘西会战成为中日双方的最后一次恶战。

飞虎队纪念馆中有一个展室，空空荡荡的，没有物品。当我走进时，却突然觉得眼花缭乱、声色纷繁——那里有一列一列的照片墙，布满了飞虎队队员的大头照。那段硕大无朋的历史一下子变成一双一双眼睛、一个一个笑容，他们年轻明亮，生气勃勃，笑望着你。其中有一张飞行员小伙子的照片，角上用黑色水笔签了一个名字：Rossi（罗西）。讲解姑娘说，2003年时，芷江举行国际和平文化节，这位当年的美国飞行员来到这里，在照片墙上看到年轻时的自己，亲手签下了自己的名字。他这次来中国的照片出现在另一个展室，罗西已是老人，却仍然生气勃勃，笑容满面。

还有很多人没有出现在照片墙上。陈列室外有一座更大的、用大理石铺砌的“名字墙”，辑录了飞虎队历任队员的名字。这份名单是后来在队员们的回忆中渐渐拼出的，既刻录了他们的记忆，又保留了记忆的残缺处：有些常见的名字，比如“Smith”，一排并列出现了十几个，却没有更完整的姓氏来区分；名单上还有一处，不是名字，是“？？”，因为大家都想起有这样一个人，却都记不起他的名字，只好用两个问号代替。

与那些在战争中早已无影无踪、无声无息的名字相比，这两个问号仍然是幸运的。那些名字隐入成千上万的数字中，或是连数字都没有被计入。

这种忽略，何止出现于战争与个人。当我们用概念描述一片地域、一段历史时，一定放弃了许许多多有生命的细节。

一个男孩在学唱歌

湘西之行的途中，有一次走到离凤凰不远的山江，那里虽不是山中村寨，但是与城市相比，仍算得“荒僻”。有一座苗族博物馆，我走进时，几个进行苗族歌舞表演的本地男孩子刚刚结束一场表演。他们坐到舞台旁边的廊下，取出手机听歌，其中一个男孩很认真，戴着耳麦，一句一句跟着学唱。我也坐下，问他学什么歌，他举起手机给我看，是台湾的一首歌。

许多旅游者一边期待想象中的湘西乡间仍是淳朴乐土，一边叹息现实中的民俗渐渐变成表演，并且他们“失望地”看到，这片土地上的人们早已经将他们的生活想象力延伸到了广阔的空间之中，“失去了文化特色”。无论湘西地理对文化传播产生过多大的阻碍，总有一些文化潮流在悄然渗入，哪怕是娱乐文化与消费文化。可是，无论这些文化征服过多少地方，它作用于每一地、每一人时，产生的风景都全然不同。

20世纪晚期，英美学者在探讨“文化地理学”时，对一个问题进行过长期的争论。在美国，代表传统文化地理学的伯克利学派认为，美国在历史上形成了一个稳定的、覆盖社会群体的美国文化，这个文化机制具有超越个人的影响力、制约力，如同语言一样，是个人必须接受、服从的东西，所以具有“超机体（superorganic）”特征，正是这个超级的美国文化机制，塑造出美国大地上的文化景观。新派学者们却强调，面对同一个对象，不同的人与其形成的关系可能不同，所以文化呈现差异；因此，地理景观的形成取决于具体的人文关系，而不是事先就存在的那个“超机体”。

湘西文化的多面性，恰好解释了当年的新派文化地理学的观点：土司们、民族学家、沈从文、旅游者……因为与湘西的关系不同，他们所看到的湘西的文化特点便全然不同。新派学者们的主张凸显的是人、人性，强调的是人性的复杂特征，承认每一个个体的意义。

那个作为“超机体”存在的、人们印象中的“神秘湘西”，其实是个空幻的、毫无意义的影像，在这个影像的屏蔽之下，我们放弃了许多东西，既无法看清湘西的山水格局和文化演变，也无法看清我们自身的出发点，更无法看清生活在这片山水之间的人们生活的变迁。

当“神秘”印象被放下时，我们会看到，在湘西，一个年轻的山里男孩，正在学唱一首来自遥远地方的新歌。

人们印象中的“神秘湘西”，其实是个空幻的影像，在这个影像的屏蔽之下，我们放弃了许多东西。当湘西的“神秘”印象被放下时，我们才会看清这一片山水的格局、人们的生活历程，以及我们自己的出发点。

摄影◎李锋

湘
西

GENUINE
WEST HUNAN

湘西『守艺』人

摄影 李锋 撰文 桑叠

守护传统遗产的　不只是沿袭它们的人
还有试图记录它们的人
它们一起成为护卫传统的“守艺”人

在湖南那些历史悠久的山水之间，蕴藏着延续已久的传统生活。手艺或曲艺是这些传统的一部分，它们在生活中都有一定的功能性：有的是用具，有的是仪式，有的是风俗，比如傩戏、湘绣、花炮技艺、端午习俗……

这些“非物质的文化”在今天被称作“遗产”，这个名称提示了一种渐趋没落的倾向，表明它们在现代文化的扩展中渐渐失去功能性，从而淡出了人们的生活。这个倾向并非孤例，而是世界性问题，为此，2003年联合国教科文组织通过《保护非物质文化遗产公约》，中国成为其缔约国，此后分批次认定了遍布全国的“非物质文化遗产”项目。截至2014年，在湖南的土地上，被认定的国家级非遗“传承人”有76人。

2006年，摄影师李锋开始拍摄这些“非遗”传承人。在此之前，他曾拍摄保护候鸟、草原沙漠化治理等题材，也曾因为这些经历身处险境、得到大奖。而这次拍摄“非遗”，一拍就延续了许多年。他曾经对媒体形容缘起：有一次遇到“女书习俗”的传承人胡美月，她正在安详地刺绣女书，他被眼前的场景震撼了：“就像一幅久远的油画，画面很美，我好像看见我奶奶的样子。”他自此走遍湖南的山水，寻访这些身藏技艺的老人。与其他一些关注者侧重于关注技艺本身相比，他眼中的风景是“人”，因此，他并不急于拍摄，而是在一次次探访中结识、了解这些传承人，并与他们结下了深厚的情感。

这些技艺需要一系列制度化评估才可以被列为“非遗”项目，因此，技艺与项目并非严格对等，也许最好的艺人并非被认定的“传承人”。而在传统技艺的现代应用上，李锋也发现了一些问题。例如，他探访过的浏阳夏布制作技艺，在中国因为失去了使用环境，同时缺乏创新工艺，几乎在生活中消失，而这种产生于湖南乡下的材料进入日本，被用于某些固定的仪式场合，从而焕发新的生机。从面临淘汰到发现新的用途，有许多环节值得深思：我们是仅仅缺乏新工艺，还是失去了相对应的生活场景？

守护技艺的艺人与拍摄艺人的摄影师，他们共同构成了刻画传统技艺的“守艺”人。他们守的不是“遗”，而是“艺”。如何让“艺”在新生活中延续活力，对这个问题的思考才刚刚开始。

项目类别●民间工艺
地　点●邵阳市
人　物●蒋良寿

蓝印花布

蓝和白，两种颜色，百般匠心。

1951年，蒋良寿出生在邵阳五峰铺镇的一个蓝印花布作坊。从记事起，简单、原始的蓝、白两色就是他生活中最常出现的色彩。蒋良寿幼年跟随外公在染布坊学染青布、蓝布、蚊帐、纱线等工艺技能，外公去世后，他又跟随师父李楚宣学习刻板技艺，不仅习得传统纹样，也钻研新式纹样。

成年后，热爱蓝布印染的蒋良寿进入织染厂工作。然而精微的匠心毕竟难以抵抗时代洪流的冲击，机械印染被迅速普及的现代文明传播开来，古老的粗布染织品逐渐被时代遗忘。为了生计，他曾一度改行跑运输。

2007年，蓝印花布成功申报为国家级非物质文化遗产。传承的星火被点燃，蒋良寿便重操旧业，用自己的双手与匠心，延续着这份一花一世界的蓝白情缘。

凤凰纸扎

自唐代开始，纸扎这项民间工艺就已在湘西凤凰一带流传。对生活在这里的纸扎艺人聂方俊来说，纸扎已经不仅是一门手艺，更是一种习以为常的生活方式。

聂方俊，1933年农历六月二十日出生于凤凰纸扎工艺世家，自幼随父学艺，有着极高的天赋。经过多年的学习探索，聂方俊承袭父教，集凤凰纸扎工艺的众家之长，大胆运用夸张和浪漫手法，用纸扎工艺制作出各类飞禽走兽、花鸟人物，形成了独具特色的“聂氏纸扎”。

著名画家黄永玉生长在凤凰，他这样评价聂方俊的作品：“就造型及技艺来看，是全国最好的。”还曾把两句顺口溜写成对联送给聂方俊：“光长胡子难吃饭，全凭手艺耍大王”，此后，“聂大胡子”的名头就在聂方俊的朋友间流传开来。

项目类别 ● 传统手工技艺
所属民族 ● 土家族、苗族
地　　点 ● 凤凰县
人　　物 ● 聂方俊

宝庆竹刻

湖南省邵阳市旧称宝庆府，此地盛产南竹，自古竹器制作业就十分发达。清康熙年间，宝庆竹黄雕刻一经问世，即受到世人追捧。然而时代的冲击难以抵挡，宝庆竹刻工艺一度陷入濒危境地，甚至仅剩下曾剑潭一位传人。

现在宝庆竹刻的传承人是"邵阳竹刻第一刀"曾剑潭的关门弟子——张宗凡。张宗凡，1968年9月生于湖南省武冈市，1986年考入衡阳师范学院美术系学习国画，1998年"半路出家"开始学习竹刻艺术。2004年，他成为曾剑潭的关门弟子，主要学习竹青雕刻和翻黄竹刻技艺，从此对竹刻情有独钟。由于接受过科班教育，张宗凡的作品更注重整体构图意境美，线条稀疏有致，像一幅幅极具韵味的中国画。

竹刻工艺如今在张宗凡的手中得到了传承和推广。2006年，他在邵阳特殊学校创办了宝庆竹刻人才培训基地，将一批聋哑人培养成了宝庆竹刻的一代新人，把"公益"完好地融合进了"工艺"之中。

项目类别 ● 民间工艺
地　点 ● 邵阳市
人　物 ● 张宗凡

项目类别●民间工艺
所属民族●苗族
地　点●保靖县
人　物●梁永福

苗画

“苗画”是一种极具苗族特色的绘画，它所描绘的往往是花鸟虫鱼、山川日月、龙飞凤舞，颜色浓重而鲜艳。20世纪初，随着老艺人的相继去世，苗画工艺陷入了困境，一度面临失传。幸好，保靖县水田河镇的梁永瑞将这门艺术传承了下来，继承的同时还在不断丰富着苗画的题材内容。后来，梁永瑞之子梁永福接过了父亲的衣钵。

梁永福，1941年9月20日出生在水田河镇白合村。他7岁开始为他的姐姐画绣模，在这个过程中，他的绘画天分被逐渐开发出来。他并不满足于父亲传授的简单的工笔画式，便自己钻研创新，开发出了一种更繁复多样、美化通融的苗画。这种苗画节省了绣娘们的时间和精力，并提供了更丰富更多元的画风与图样供人选择，在传承的基础上加以创新，大大地扩展了这门传统工艺的生命力。

摆手舞

有人说，张明光是一个用生命在跳舞的土家族战士。

张明光，1938年出生在湘西龙山县的一个小山村里，这是一个以土家摆手歌舞著称的地方。张明光自小喜爱土家摆手舞，初中毕业后就拜农车土家大摆手第24代掌堂师秦恩如为师，学跳土家摆手舞、学唱土家摆手歌，成为土家大摆手舞第25代传人。

张明光唱起摆手歌来嗓音亢亮、风格浓郁，跳起摆手舞来舞姿优美潇洒，可谓青出于蓝而胜于蓝。1984年以后，由于师父年迈，张明光就成为全乡乃至全县摆手活动的掌堂师，经他授艺的摆手舞爱好者不下千人。

张明光如今已年近耄耋，洒脱的舞步却从未停下，嘹亮的歌声也依旧回荡在深深的山谷中。

项目类别●歌舞类
所属民族●土家族
地　点●龙山县
人　物●张明光

打溜子

在湘西龙山县，存在一种古老的打击乐，它仅用溜子锣、头钹、二钹、马锣四件铜击乐器，就能打奏出深山里飞禽走兽、花鸟虫鱼以及人们喜怒哀乐的声音，这就是土家族的“打溜子”。打溜子在龙山土家族地区世代相传，到了“打溜子王”田隆信这一代，传统的打击乐焕发出了新活力。

田隆信，土家族，1942年6月11日出生于湖南龙山，曾在龙山县文工队、汉剧团、文化馆从事音乐创作。田隆信在传统打溜子的基础上增加了表情和肢体动作，使得打溜子除了给人以听觉上的感染力外，还有视觉上的享受。随着肢体动作的增加，打溜子的音调节奏也更加铿锵有力，跌宕起伏。他甚至还在五支家伙（打溜子的三种形式之一）的基础上增加了说唱成分，使情节变得更有戏剧性。

项目类别●民间器乐
所属民族●土家族
地　　点●龙山县
人　　物●田隆信

项目类别●歌舞类
所属民族●苗族
地　　点●吉首市
人　　物●陈千均

湘西苗族民歌

陈千均，1943年10月出生于湘西吉首。他既是吉首市丹青镇吉鱼村的党支部书记，又是一位苗家歌王、国家级非物质文化遗产传承人。

吉首市丹青镇吉鱼村素有“湘西苗族山歌之乡”的美称，陈千均从小跟随父母上坡下田，趴在牛屁股上学苗歌，对他来说，唱歌比说话更能抒发情感，也更自如。

“文革”期间，他因唱山歌出名，被当作封、资、修的吹鼓手。但这并不能阻挡他对唱歌的热爱。他和爱人曾在屋里唱歌以抒发胸臆：“鸟在青山各有音，有歌只管放开声；挖破喉咙不要紧，难得挖掉唱歌心。”

年已古稀的歌王唱起歌来总是容光焕发，各种类型的民歌对他来说都不在话下，尤其擅长风俗歌、情歌、生活歌、啄啄歌等。有时，看见一把小锁头，歌王都能把它唱成歌。

邵阳布袋戏

一个人，两只手，舞出金戈铁马。

邵阳布袋戏是刘氏祖先600余年前自创的独家技艺。它是一门综合性很强的民间手工制作艺术和表演艺术，与台湾布袋戏的不同之处在于，邵阳布袋戏的道具制作、舞台表演全凭艺人一人。

刘永安是邵阳布袋戏第十八代传承人。起初，刘永安与父亲学习表演布袋戏只是为了挣钱养家。为了谋生，刘永安曾经一人、一担，南下两广，东往江浙，一路走，一路演。尽管那时的生活充满辛酸苦辣，却是布袋戏最风光也是他现在最怀念的时光。

现在，刘永安已过上了安逸的生活。布袋戏的未来将何去何从，他并不知道。这，也是如今萦绕在他心头最大的忧虑。

项目类别●民间戏曲表演
地　点●邵阳县
人　物●刘永安

项目类别●传统舞蹈
所属民族●瑶族
地　点●江华瑶族自治县
人　物●赵明华

长鼓舞

长鼓舞是瑶族的象征，舞蹈内容表现的是瑶族人的生产、生活。

江华瑶族长鼓舞第五代传人赵明华1943年5月2日生于江华瑶族自治县大圩镇文明村，自幼即跟随因歌舞艺绝而声名远播的“长鼓王”李根普学艺。赵明华师门是桌上长鼓舞的典型代表，表演时需要一张八仙桌，并在上面点燃一支蜡烛。赵明华舞动长鼓时，或蹲，或站，勾腰抬腿间，如行云流水，没有一丝拖沓。像师父一样，对他来说，不管表演如何辛苦，只要能让大家感受到热闹的氛围和瑶族文化的精髓所在，就是值得的。

“只要大家高兴，我在舞台上怎么表演都愿意。”

土家族梯玛神歌

"梯玛"是土家语对土家族巫师的称呼。在土家人心里，梯玛不仅能为他们驱邪治病，更是他们的信仰。湖南省龙山县内溪乡双坪村是土家族聚居的村落，彭家梯玛在此世代相传，是当地有名的"老坛"。

彭家梯玛第十四代传人彭继龙，现在是"湘西三大梯玛之一"，也是湘西州唯一指定的梯玛神歌传承人。他从10岁开始就跟随父亲彭武庚跑堂、学艺，15岁出师，50岁度职，法名"彭法万"。57岁时，他在父亲患病卧床后开始正式掌坛。

彭继龙曾经说过："梯玛学起来很枯燥，三年两年只能学点皮毛，只有对它痴迷的人才能坚持下来，不学个十几年很难像模像样地跳一场。"算起来，从10岁到现在，彭继龙已经快跳了60年的梯玛了。

项目类别●民间文学
所属民族●土家族
地　　点●龙山县
人　　物●彭继龙

湖南人眼中的『湘西』

『湘西』这个词，对许多人来说，既熟悉又陌生。或许它本就是一个动态的概念，在不同的人眼中，折射出不一样的色彩与质地。为此，我们邀请了几位湖南的文化、学术界人士，他们既是湖南人，也是湖南文化的长期观察者，请他们从不同的角度来阐述对于『湘西』的印象。

- **邹容** 《潇湘晨报·湖湘地理》前主编、文化学者
- **左汉中** 湖南美术出版社编审、民间美术研究者
- **柳肃** 湖南大学建筑学院教授、博士生导师
- **童潜明** 湖南省地质科学研究院教授
- **田茂军** 吉首大学文学院教授、硕士生导师

黄永玉为家乡送上的雕塑作品矗立在凤凰的沱江之滨，张扬不羁的人物形象恰到好处地体现了湘西人传统的精神状态。
摄影_李锋

亲切？纯净？丰富？湘西印象从何而来？

— 邹容　最初的印象还是来自沈从文的描述，能从中感觉到一种强烈的边地异质气息。后来，1990年我第一次独自去湘西，在麻阳、凤凰停留了几天，感觉当地的风土人情（房屋建筑、人的样貌服装）跟我生活的湘东还是有非常鲜明的区别。又加上那是独自的长途旅行，印象中的湘西就一直保留了一种强烈的吸引力和疏离感，现在都还是。只是角度会不时有变换。

我对湘西这个概念也一直抱有很奇怪的亲切感，记得大学时同年级有个湘西班，每一个同学我都喜爱。湘西这个词很美妙。以前是不太了解而觉得美妙，后来了解多了，仍然觉得美妙。

— 左汉中　我对湘西最深刻的感受是由自然环境到人文情怀的转变。20世纪70年代末第一次去湘西，就被它的自然美所吸引。也许我是去那儿画风景写生的缘故，一直被湘西的山山水水和吊脚楼所感染着。到80年代开始有了变化，因为多次的民间美术考察，我开始注意到湘西民间美术和创造民间美术的艺人们，通过和民间艺人一次次接触，与他们产生了深厚的感情。

湘西人率真淳朴，与那儿的自然山水相映衬，形成了一道别样的人文景观，而这种人文景观是充满魅力的，它能沁人肺腑，深入骨髓。

湘籍国际音乐家谭盾曾经有过这样的感受：他初到美国，坐地铁时总爱低着头。看到对面一排人的腿有各种颜色，他开始读懂美国这个容纳世界各民族人民的国度。而他每次回到湖南，就会去一趟湘西，因为湘西生活着各民族人民，有土家族、苗族、白族和汉族的群众，彼此友善，相安无事。所以说，一些从事艺术的朋友，对湘西会多出一份情感。

— 柳肃　我对湘西最深的印象是丰富的民族文化。湘西是湖南最大的几个少数民族的聚居地，土家族、苗族、侗族等少数民族村落和民居建筑呈现出丰富多彩的民族文化特色。

— 田茂军　苏东坡《题西林壁》诗中云："不识庐山真面目，只缘身在此山中。"作为地道的湘西人，要我谈对湘西最深刻的印象，似乎有点困难。从小生活在这块土地，现在又工作于斯，一切似乎都司空见惯了。

有几件小事，算是记忆中的印象吧。那是在读大学期间，1983年的暑假，我到碗米坡我外婆家去，留下了关于赶场的印象。集市所在地就是乡政府所在地，当年村民口头上叫"芭茅寨"，书面行文包括招牌文字却写成"拔茅寨"，现在才明白，这是20世纪50年代初一些南下干部，因土改等工作需要，随便记音导致的结果。有关拔茅寨的印象，我写过一篇文章——《碗米坡的小九妹》。弯弯曲曲的街道顺山势蜿蜒，一座明清时建的石拱桥将两条小街道连接起来。街道尽头是酉水，碧水汤汤，一河清流。赶集的人多乘船，挑柴背米，一片繁忙。这里有供销社，依然是老式的玻璃柜台，柜台里有书卖。我在这里居然买到一本64开的"红宝书"——《毛泽东选集》合订本。这书是"文革"中最受欢迎的书，当时"文革"已经结束若干年，我竟然还在这个偏远的乡供销社买到了。

这就是我当初的惊讶，至今难以忘记。有这样的印象，因为那是我母亲的家乡，我从小生活在那里。我的外婆、外公已经去世多年，我家的很多亲戚还住在那里。如今一座拦河大坝的修建，使拔茅寨成为水下的村庄。现在，每当我经过那里，总有一种凭吊感。或许这就是乡愁的体现吧。

执拗？率真？坚忍？湘西性格什么样？

— 邹容　我认为一方水土养一方人还是有道理的，从一个普遍面来讲，还是存在“湘西性格”的。在我的感觉中，它执拗、拙朴，又刚烈又柔软。有一年夏天，烈日当头，我路过湘西一个小集镇，看到有个摆摊的中年人，光头光膀子，端一大碗米粉在路边吃。我从车窗看过去，他站在那儿，裤子上尽是尘土，人也挥汗如雨。不知为什么，一直记得这个场景。

我始终觉得湘西美妙、有异质气息，大概是因为我看到、感受到的湘西，是集中、聚焦在跟汉族儒家那种正统符号气相异的一面。它们虽有融合，被同化，但湘西人骨子里那种更天然的东西，并没有被压制磨损完。我们没有那一面，所以就会特地去看、去放大那一面。像我说的水边的多情女人，我觉得大概就不会普遍地出现在汉族区域，像苗歌舞、土家摆手舞等，汉族区域就没有那么更近天然的东西。湘西天然的东西始终比汉族区域多。

— 左汉中　湘西是有性格的。湘西人率真、直爽、倔强、坚忍、吃苦耐劳、讲义气、重感情、好交朋友。

湘西的民间艺人吃苦耐劳，又重感情，最让我难忘的是凤凰纸扎艺人聂方俊（聂胡子）。21世纪初，我邀请老朋友聂胡子去北京参加东润枫景民间艺术节。他带着两大纸箱纸扎活儿从凤凰赶到长沙，然后乘坐火车去北京。到长沙后，他把大纸箱寄存在车站，来到我家里，给我带来两包吃的，一包是蒸好的湘西扣肉，另一包是垫在扣肉下面的霉干菜。他告诉我如何转到钵子里，在火上蒸多少时间等细节，真叫我领受不起。我和他先后到北京，当我去火车站接他时，发现他面色疲惫，他说，怕把纸扎活儿压坏，座位让给了两个纸箱，自己找个角落蹲了一宿。聂胡子当年将近七十岁了，我又是感动，又是自责：要是想得周到，为他订两张票就好了。在北京的民间艺术节上，做纸扎的聂胡子和做北京泥人的双起翔成为活动中最受欢迎的人物。当然，受欢迎的不只是他们都有的一把漂亮的大胡子，他们的人品和艺品均得到大家一致称赞。

— 柳肃　各民族的特点不同，很难说存在一个“湘西性格”。

— 童潜明　人之初，性本善。后来的善、恶是社会影响、环境所决定。所谓地域决定性格是牵强附会，例如“无湘不成军”，现在成为统帅的，湖南有几人？

— 田茂军　法国艺术家丹纳在谈到文艺创作时指出，艺术作品都属于一个总体，即每个艺术家及其作品都属于一个比艺术更大的艺术流派或艺术家族，艺术流派或艺术家族则受制于一个更大的总体背景，这个背景就是他们生活的环境与社会。丹纳还进一步指出，种族、环境和时代是决定艺术的三种基本动因。我们常说一方山水养一方人，大概也是这个意思。

有没有“湘西性格”？肯定有的。湘西所处的地理环境的限制、自然山水的雄奇险恶、独特的历史文化涵化、长期的民俗文化浸润、人与自然的长期搏斗、与各种势力的抗争、历史上的错综绞杀，自然形成勇敢顽强、坚韧不拔、乐观豁达、不怕牺牲的性格。这里面，也不乏憨直、固执、野性的一面。沈从文也曾论及湘西人的性格，认为湘西人过于憨直，背后常遭坏人暗算。纵观他在“文革”中的遭遇，他自己其实也是这样。在他的笔下，田三怒人头落地，那人头还怒目而视，嘴咬坚实的土地而不休止。

我讲两个小故事。一个是关于我采访最多的苗族锉花艺人吴六爱。她是一个地道的农民，1997年从乡下进城，一开始汉话还讲不通顺，每天都在街头摆摊卖剪纸花样。由于收入少，她只好在城郊租屋居住，烧柴做饭。屋主嫌吴大姐煮饭烧柴烟子大，找借口不再续租。吴大姐多次搬迁，多次遭遇房屋主人奚落冷遇。她告诉我：“我天天卖纸花，我卖到死，我也要到城里买一套好房子！我也要在家里铺瓷砖，我也会做到进屋脱鞋子，和城里人一样用煤气，用电。”到2005年，八年时间，她真的就在城里买了一套新房子。首先就是装修，铺瓷砖，然后买厨房现代化用具。一个苗族农妇，就是这样的坚韧不拔，这样的勤劳坚定，最后不再四处搬迁，处处受气，过上和城里人一样的生活。她就是天天靠摆摊卖纸花完成的。八年时间，风雨无阻，那些日日夜夜，可以想见她付出的艰辛与努力，可以想见她内心深处那些隐忍与坚持。可惜的是，她去年因病去世了，终年65岁。

第二个是关于我的母亲。我们一大家，兄弟姊妹众多，母亲吃的苦最多，但她从不言苦，性格快乐豁达，为人热情好客，热心公益。母亲82岁高龄去世。她生前就把所有后事全部安排停当，包括丧礼的主办和丧事祭奠活动的安排。她像领导下指示一样，要求子女办丧事只能请保靖老家的班子来主持，坚决不能喊龙山本土的道士来办理。母亲说：“你们饭菜要做好点，招待客人要大方，不要办成叫花子席。”我们兄弟姐妹在病床前听母亲安排后事，不由得伤心垂泪。母亲说，果熟落地，人无万岁，你们不要伤心，我都不伤心，你们这是伤脚板心啊！她说：“我儿孙满堂，火车坐过了，飞机飞过了，大地方也玩过了，一生吃过苦，也享了福。我现在是虮子岩钻刺蓬笼——无牵无挂。”母亲的幽默话语，让大家破涕为笑。这就是她人生的最后时刻。母亲12岁的时候，土匪进村，一家人躲土匪，她不服气，背个背篓，拿把柴刀，准备上山砍柴。结果柴刀被土匪抢走了。后来母亲说：“留得青山在，不怕没柴刀。”我哈哈大笑，我知道母亲肯定记错了。但是她的顽强坚定的性格，有着湘西人的影子，也影响着我们这些后人。

扫码进入　地道风物

山水褶皱里的人生

風

撰文 田耳 摄影 欧阳星凯

都罗寨

想在湘西过上好日子并不容易，七山两水一分田，土质还贫瘠。再说，太多聪明人，挤在这一片山水褶皱之中。比如都罗寨，我爷爷在那儿活了一辈子，父亲拼命从中奔出来。那地方山高水低，年年有旱，在我看来几乎不宜人居，但居然生存了千把人。父亲谈到老家，“竟有两百多笔烟子”。两百多人户，是大村寨，父亲不无得意。

我大专毕业没有工作，在社会上瞎混了不少年头，心情也不免失落。父亲要给我找个榜样，时时给我鼓励，就介绍通献给我认识。通献也是都罗寨人，初中毕业就进城混事，不到十年张罗出自己的广告店，生意做得红火，娶了漂亮老婆。仅这些，也不足以成为榜样，父亲更看重的，是通献致富不忘乡亲，又杀回马枪，去都罗开发旅游。有一阵我就跟在通献身后，待在都罗寨，触目皆是土法上马、因陋就简的旅游项目。问题是，竟然有人来。野导游拉来客人，门票80元，导游分去50元。通献的日常工作，就是摆平那些游客，一遍遍解释门票一经售出概不退换，耗尽心力。

他又不好说，退一张票，我就倒亏五十！

他时而无奈地睃我一眼，说生意就是这样，摆得平就赚钱，摆不平就滚蛋。

都罗寨的旅游，好景不过两年，其后几年门可罗雀。毕竟仍有人来。为节约成本，有的放矢，搞餐饮的那几家就要小孩守在村口，见有游客在远处山路上冒出，就通知家里人，赶紧将饭馆开张。若无来人，就去干农活。每天时光都不容耽误，旅游可有可无，日子照样打发。

我一堂兄也顺便搞搞旅游生意，河畔搭一间茅屋，屋外布几套石桌石椅，便是饭馆子，打游击似的，拉到客再去生火，有如电影

【山间挑夫】也称为脚夫，是专门搬运货物的人，一般都是临时雇用的。（2007年，洪江托口）

《地雷战》的台词——不见鬼子不挂弦。有一阵他那儿缺大师傅，见我能侍弄家常菜，叫我帮忙。我有半月时间客串大厨，菜炒得随意任性，在这山林野地，游客吃得粗糙，反而觉得应情应景。

运气好，碰见广东游客，买下一只鸡，叫我们炖汤。广东客将汤水喝尽，一盆鸡肉还在，还可以加些油盐干椒一通爆炒。夕阳落山，游客都离开，就着油爆鸡丁喝酒，数着一天赚下的小沓钞票，堂兄这日子仿佛很滋润。但后来，出一事故，一浙江大学生在河中溺毙。都罗寨的旅游生意被强令叫停，通献赔掉不少钱，从此安心做广告业务，不敢染指旅游。旅游生意倒掉后，都罗寨像被人抽了筋，被人收了魂，愈发显得气息奄奄。

某次，有朋友来湘西，我领着他去了不少著名景点，都被朋友一张损嘴痛斥。他想吃农家饭，我就带他去都罗寨，叫亲戚弄一桌。我告诉他，不要小看这破村寨，以前搞乡村游，也创下了一天接待千把人的纪录。

这地方也能搞旅游？这尖刻的朋友，环顾四周，终于小有感叹，你们湘西，还是挺神奇。

不二门

我真正将湘西各县份都走一遍，也是二十岁以后。有两年我跟着亲戚卖空调，接下两个品牌的地方代理，要在地方铺点，得以去往各县份。厂家代表张某跟我同行，每每感叹，说你们湘西，看着全是山，往里一走，人就像跳蚤一样，从每处旮旯里蹦出来。我也不好怎么应答。人各有命，生在哪个地方，就只能享有与此相应的活法。后有一次从保靖去永顺，半道上有人搭车，上来一拨人，把一老年妇女搁在我与张某的旁边。那妇女半死不活，眼已轻微翻白，看向我，也看向张某。据说，她昨夜怀揣心事，一早喝了农药，现赶去急救。到了永顺，张某情绪大受影响，坚持要走，我留在永顺找点。

父亲在这县份工作近二十年，把这里认作第二故乡。我去永顺，他就说，一定要去不二门泡一泡温泉。他记得，以前温泉不做任何处理，热水从泉孔喷出、流出，慢慢摊开、散开，好大一片雾气腾腾，哪里都可下人。以前，单日为女双日为男，交替使用。

我第一次去不二门，是傍晚，光线暗蓝，不二门的河流、道路与树木都是深沉向黑的颜色，所以道旁的路灯光格外晶莹、璀璨。从大门到温泉，有好几里，冷寂无人，全身皮肉紧缩，正好等着热水泡发。二十来岁时，不二门冬夜的冷清，伤肌砭骨，并不容易适应。到地方，泡大池两元。我往那边瞟一眼，大池不下百人，老人小孩，少不了在里面便溺。又问包间多少，十元。千禧之年，十元能买两份盒饭。进去一泡，便连声喊值。那包间巨大，墙壁无任何修饰，只有经年的，斑斑驳驳层层叠叠的水渍。水池两米见方，深有一米，水底铺满了沙。水口有人的脖颈粗，用圆木堵死，用力一拔，巨大水流喷涌而出，射在体表竟有疼辣之感。很快，一池水满，放任那水口喷涌，我躺进去，仿佛躺进波轮洗衣机。只要自身放松，不用力气，池中小小的涡旋就能将人翻动，在水中变换着身位。水底，一些沙被水流带走，更多的沙又涌进来。我一直没能搞清这沙从何而来。

热水稍稍一泡，人就生出诸多美妙感觉，闭上眼，沉进水中，感觉自己是一尾半熟的鱼。堵上水口，把脑袋搁在池沿，整个身体便悬空。我还在水中小睡一会儿，有上好的梦，睁开眼，全不记得。灯光被雾气笼罩，

【绘制年画的老艺人】滩头年画古朴、驱邪，制作工艺复杂，具有浓郁的地方文化色彩。（2007年，隆回）

像在遥远地方，不可触及。十块钱，我躺了两个多小时，再从不二门走出，行到马路，看见车流，恍如隔世。

那年，在永顺找了好几个电器老板，一直谈不拢。他们生意算盘拨得太精，但好酒好肉每天都管够。我倒不急，天寒地冻，白天谈会儿生意，晚上又去泡温泉。十块钱得来几小时的受用，现已不可想象。

青年之家

都说湘西除了出将军出土匪，就出文人，我体验过。活在这地方，看不见几条活路，既然从文一途已被前辈乡贤走通，并走得精彩，自然就成为很多人的方向，一头扎进去，九死其犹未悔。说山里人性情偏执，是因这里的环境容不得人太随性，干事必得一条胡同走到黑，要么撞见鬼，要么看见天亮。

在我想当作家还看不见丁点希望，摸着石头亦步亦趋时，就有一帮人来陪我。在我帮亲戚做生意的吉首——湖南最小的县级市，有天去酒吧喝酒认识了老板，姓黄，别人叫他松哥。知道我也爱写，他就介绍我认识文朋诗友。经常会有聚餐，经松哥一介绍，每个人皆有远大前途，眼下只是小有羁绊，暂借吉首容身。不同的脸孔，得以熟悉。松哥是铁路职工，开叉车，在火车站有房，面积不大，经常聚了太多的人，转身都困难。入夜，他也不舍得众文友离去，尽量劝说，就在房中打地铺，挤一挤，睡得热闹。他的卧室有电脑，不想睡的可以在里面上网玩游戏，通宵开放。他老婆，竟然也容忍，躺在床上，听着电脑不断制造的噪音。此前松哥已离了一婚，按某人的说法，松哥与前妻离婚的重要原因，是他前妻对他的朋友不够热情。

很快我厌倦了做生意，找着借口待在家里写小说，但这种日子并不好过，在家待久了，家人不烦自己心慌。于是，隔三岔五，还去松哥家里小住，短则三五天，长则个把月。他换了房，在河边的一处小区，环境很好，更适合青年人聚集。住那里面，由松哥发话，叫谁值日，谁就掏钱买菜，弄一天的伙食。一开始，松哥不常点我名，知道我赚不到钱。我写的小说，渐渐都能发表，也便经常主动请缨，出去买菜。一帮青年一齐吃喝，三五块一斤的壶子酒，也喝得周身畅暖。一同住在那里的文艺青年，变换各种花样，以求实现自己理想，有的编商业杂志，有的拍微电影，有的搞编剧，有的开广告公司，尽管无人大富大贵，几年之后，渐渐都能有了稳定的饭碗。松哥的第二任妻，姓杨，鉴于她的大度包容，有一次喝酒，我建议将她侧面头像放至十寸，沿着脸廓将背景铰掉，贴至墙上。再买一张金色电光纸，裁成细条，在头像周围贴一圈，当成是光芒。众人一致叫好。

那些年，母亲经常骂我，老住在别人家里，不肯回自己家，脑袋有毛病。我也不知说什么，我就喜欢跟他们泡在一起，你疯狂的想法，总有人应和、支持。

后来自己成了家，当然不好再去别人家住，但一有机会，我会将以前一起住松哥家的朋友聚起来，接着喝酒、瞎聊。后来松哥又结了一婚，现任的妻子，也欢迎大家去家里看一看，去家里住一住。

洛塔

我去洛塔，是作家班同学国平介绍去干活。龙山县国土局要在洛塔开发一处地质公园。喀斯特地貌所涵盖的所有类型，这里都齐备，养在深山人未识，要找人写文章推介。

【修钟表的师傅】随着经济发展和现代通信工具的普及，钟表修理工艺逐渐走向衰退。（2008年，洪江托口）

我去时是一年最冷的时节。

当天，国土局一位科长陪同，一路解说。洛塔山高路陡，景点散布在远近五六个村庄，只能挑几处有代表性的——天坑、地漏、溶洞和石林。中午忽然下雪，还夹杂雹子，砸在车窗上，坐里面也像是连续中枪。风景没法再看，科长带我们进入一农户院落。一溜灰败的板房，板壁挂有农家乐的招牌。进去才知，这农家乐不用点菜，十块钱一人，饭菜管够，还有米酒。

屋外冷得人脸皮细跳，一进到屋内，就有热气扑腾而来。这家人的火塘，长两米，宽一米五不止，一圈能围二十人。塘内码放整捆柴，烧得哔剥作响，火焰飙起两尺高，红黄蓝三色都在里面。我一时不敢坐近。火塘周围摆了狗儿凳，只一块火砖厚，坐上去，也跟坐地上差不多，腿自然盘起，像一帮和尚跏趺而坐。当天六七人用餐，另几人是来慰问洛塔煤矿贫困工人的政府干部。天气一冷，肚皮瘪得就快，十块钱一份的农家盒饭，让每个人怀有期待。户主留一副连鬓胡，正从火塘上取下一块腊肉。年猪已杀过，密密麻麻的腊肉，悬在每个人头顶。火越烧越大，烤出些许人油，受不了的，踱到窗边看雪。雪在这山野深处，气势浑宏，密密匝匝。盯着窗户往外看，久看一会儿，不免隐隐担心，这场雪会疯掉，刹不住；屋内却又暖热，让人踏实。盯着外面，下意识紧紧衣服，再一摸额头，却沁出毛汗，屋里屋外，窗前身后，一时心生虚幻。

菜炒好，腊肉、冬笋片、豆腐干、大头菜，一并装进铁锅，弄成杂烩。女主人意外的漂亮，手脚也麻利。火塘的火此时已扒散，正中央搁一个三脚架，铁锅架上面。筷头很长，人依旧盘坐于地，身体用力前倾，伸一伸手，钓鱼似的夹菜，夹到哪块吃哪块。连鬓胡拿来米酒，胶壶装着，起码二十斤，搁在远火的地方，需者自取。

在这小屋，听着外面风声，不需劝酒，每个人都喝得过量。午后，风雪更急，每个人将手袖起，靠着板壁打瞌睡，不想睡便聊天。酒一喝，话一聊，所有男人都自来熟，天南海北，古今中外，每个人都有不一样的经历。

酒一喝，看看眼前晃荡的女主，愈加觉得她漂亮，不免还有些……可惜。那年我还没结婚，心中竟暗生羡慕，忽然想，有机会也找一美女，在荒山野岭开店，犹如江湖高手阅尽世事，金盆洗手，换来一段自在从容的余生。

锅子撤掉，火焰再次飙高。我的想象正待蔓延，耳畔听人说，雪下这么大，等下可能封路，今晚只能待在农家乐过夜。别人立时紧张，纷纷抱怨，说家里有事等着去做。我却不信，谁又真有非做不可的事？嘴贱罢了。我还暗自高兴，想着能有整整一夜围炉夜话，能听来多少离奇故事？

天将黑，雪下得没了力气。有人报信说路并没堵，要走马上走。半夜气温再降，凝雪成冰，一定会封路，可不止三两天时间。所有人都雀跃，等不及地收拾东西。我只好告别这小小的农家乐，告别火塘里一堆烀炭。

洛塔我只去过那一次，地质公园此后并没有搞起来。回头想想，我心里知道，那天陡生的羡慕，其实浸透了虚情假意。

一个兄弟

第一次去龙山，是2003年盛夏。卖空调那时，走遍湘西，唯缺龙山。龙山在湘西北

【唢呐制作人】唢呐是湘西地方戏曲离不开的重要乐器。（2005年，洪江托口）

端，距吉首太远，空调发过去路费都不划算，厂家将其划归张家界的代理商。那年赶去，有个事由，我弟弟从龙山烟厂下岗，买断工龄得十来万。父母在家中盼归，弟弟却一个月不回，两个月不回。父亲担心弟弟将买断的钱轻易花光，要我去龙山将他拽回。我在家写作，随时有空，就奉命行事。那天一早出发，天黑才到，坐车坐到一身散架。弟弟领一帮兄弟接我。他1997年中专毕业，一直在龙山工作，性情豪爽好交朋友，这时已经积攒下一票兄弟。说我要来，他的那些兄弟都不闲着，要接风，还抢着排号。当天晚餐去到夜市摊，和消夜连着一起搞，摆出打持久战的架势。

当天做东的冰哥，刀条脸上长有小胡髭，一眼看去，是他父母贡献给江湖的一份礼物。讲话当然也是冰哥主持，兄弟情谊，走南闯北的见闻，以及女人如衣服……次日，弟弟才知，冰哥当天囊中羞涩，将摩托开进当铺，换来买酒的钱。我一阵感动，跟弟弟说，你帮人家把车取回。弟弟说，这事干不得，冰哥要翻脸。

龙山，我在小说中一概写成朗山，在这里我找到不少写作素材。小说中我曾这样描写："在云贵高原的延伸部，朗山算得是个较大的县份，六十几万人，城区就有十多万。在几横几纵的街子上，长年游荡着不少泼皮，面色不善地盯着过往行人。总的来说，这地方民风剽悍、弄性使气、逞勇斗狠，是一块出产泼皮的土壤。"这样的描写，龙山的朋友也说到位。因这县份交通不便，到最近的永顺也要三个多小时，僻远闭塞，造就了这小城一种狂欢的情绪，男人们在外疯狂找乐，回家还要打老婆。那次去，我本是要负责将弟弟带回，没想他的兄弟每天邀请，吃了就玩，日复一日不见消停，我也是有腿拔不动，待了半月。弟弟被叫回，钱交了母亲管理，在凤凰他已待不惯，说这里人哪有龙山兄弟好玩。

那次去，印象最深、聊得最多的就是冰哥，离开龙山，还时常通一通电话。我邀他有空来凤凰，不是客套。后有一次，冰哥真就过来。弟弟不在，嘱我说，你不能喝，邀几个凤凰的朋友陪冰哥。没想冰哥一来就是四五辆小车，十来个兄弟，还各自带着妹子，打扮一半是杀马特，一半是纯种杀马特。龙山凤凰，人的性情习俗大不一样，后来我娶了龙山女人，更有体会。在凤凰，朋友聚会，带着不是老婆的女人出席，是扫兴事情，但在龙山，这能显出一个男人有本事。当天聚会，两边朋友谈不到一块，我只好苦苦支撑，不让气氛冷掉。后来只在电话里联系，有了教训，不敢贸然邀他过来。

我去龙山，总要打打冰哥电话。他已经到外面发展，不常在家。有次碰面，知道我现在是干作家，冰哥就说，呃，我年轻的时候也想当作家，没有坚持，要不然我们现在可以一起写。我说，你活路多，哪能跟我比，除了写字赚钱没有别的能耐。冰哥听出来，说你这个人其实要不得。然后喝起来，你一杯我一杯，趴下一个为止。

坐龙峡

出古丈县城，再走二十里可到坐龙峡。我几次三番把外面的朋友带到那里去，是因为凤凰成了让人吐槽的地方。而坐龙峡，实在可以帮我挣回些许颜面。

凤凰很小，因沈从文，写作的朋友常来。人在凤凰，时常尽着地主之谊，有时真会怀疑，自己就是地主。文友心思活络，往往怀揣着先入为主的印象，来到凤凰。走上一圈，却又感慨，你们这里太吵，太商业，没

【药铺医师】架子上放着初步加工好的中草药材，医师在这里坐诊。（2004年，洪江）

了《边城》的味道，不是我想象的模样。这种感慨，听得多了，我便这么解释，本来不吵，外面的人都涌来，搞成现在这模样。

再说《边城》那意境，假若今天真的存在，卖一卖门票，转眼变了质。

后来找到坐龙峡，众口难调，它能调。再说，古丈是全省最小县份，因它小，人都熟。只要找个本地熟人，都能免票。坐龙峡罕有人知晓，就像平常百姓，端不起架子。坐龙峡藏得巧妙，不让人看出端倪。走下马路，走过几户板壁农舍，寻常的菜地，寻常的山道，前来陪同的古丈朋友，一路还和行人打招呼。这时候你以为不是来看景，是要到农家做客。山路一转，两壁变长变狭，山间一道巨大的缝隙忽然摆至眼前。往里走，路迅速变窄，溪流狰狱，路面时现水洼，所有人都要蹦蹦跳跳，力保鞋子不湿。外来的朋友，跳来跳去，心情还放松。

再转一急弯，路陡然中断，石壁上打出道道钢钎。

这时，外来的朋友隐隐感觉不对路，就问，是要往钢钎上爬么？我们便回，当然，只这一条路。你看，上面还有扶手，稳稳当当，我们都来过好多次。外来的朋友小心翼翼爬上去，看着悬，踩上去倒也踏实。一开始爬得小心，见有水流线瀑挂下，闪转腾挪地躲开，不让自己稍有湿身。我们本地人，此时就已暗笑，人到坐龙峡，竟想守身如玉。

走半小时，都是爬上爬下，外面的朋友，特别是来自平原的客，不能适应手脚并用的行走，多少有些吃不消。此时定有人问，差不多了吧？答曰，快了，快五分之一样子。外来的朋友咂舌，扭头一看，已无退路。想原路返回，不是不行，但很多路段只容一人穿行，后面游客排排沓沓往前涌来，谁要想退回，只好从人脑袋上面飞跃过去。外来的朋友，这才知道，自己已是鸭子上架下不来，只好把牙一咬，硬着头皮走。崖壁上水流飞瀑渐频、渐大，这时候，每个人都要伸长脖子用力吐纳吸气，哪还顾上湿不湿身？水一浇，正好降温。

有几处崖壁，几乎要垂直往上爬。不惯攀爬的客，上有人拽，下有人顶，终于站到崖壁上端，大呼小叫，满是喜悦。

初来这里，是人都会担心地形险要，不安全。古丈朋友却说，当初设计路线，诸多因素都已想好，都已规划周全，有惊无险是它特色。人命关天，真要出意外，谁也担待不起。

起码两个半小时，终于走完狭长的坐龙峡，初来的朋友大都累到散架，吐着舌头。问他爽不爽，往往撅起拇指，说这里必是湘西之行印象最深的景点。

于是我就明白，外来的朋友就像小孩，不能太娇纵，让他不痛不痒玩上一天，免不了要发发牢骚；把他累得发牢骚都没了力气，只好说爽。再说，请人吃饭不如请人流汗，把朋友带到坐龙峡走走，正好贴合了当下的潮流。

神农观光园

身边，总有些朋友，脑袋里满是古怪想法，且会将古怪想法坐实。比如这个坡头，出城十几里地，十分荒僻，一位姓吴的熟人，几年前脑袋一热，投进去不少钱财，将这荒山坡头围了一大圈围墙，建起亭台楼阁，种上各样果树，搞成自己的庄园。

我知道，虽然我们生在红旗下长在春风里，

【民间土郎中】湘西一些偏远小镇每到集日都有些镶牙、拔火罐、针灸等地摊，郎中在此行医。（2007年，洪江托口）

其实大多数人骨子里都有当地主的隐秘情绪，像外国电影里一样，买下一个山头，建立一处庄园甚至是大而无当的城堡，关上城门，过自给自足的日子。我想，这吴老板必定也被拥有庄园的梦想折磨着，才会在一处荒凉的坡头使尽力气。但是，仅仅建成还不够，不可能从别的地方挣钱来维系这么大一个庄园，它自身须得有造血的能力，于是这庄园就变身为神农观光园，郊游、会议、住宿、烧烤、用餐，尽皆成为它的经营项目。开业那天，请了朋友免费吃喝，杀猪宰牛，人来人往，推杯换盏，猜拳行令，好不热闹。看那气势，这里不光是吴家庄园，也是一众熟人朋友共同的乐园，往后生意好起来，应是指日可待。

但地方太偏，只经营一年，神农观光园就难以为继，关门歇业。

坡头已经承包二十年，生意做不下去，要转让也无人敢接手，就留一个人守门，荒在那里。种上的果树，在荒败的坡头努力生长，三两年后开始挂果，桃李梨子枇杷……果子成熟，吴老板又邀了各路熟人，去到神农观光园观光，只要免费，人就蜂拥而至，这里难得地又热闹起来。有人吃着过瘾，建议说这个观光园不妨再开起来，以采果子为特色经营项目，必定招徕不少人，再辅以餐饮住宿，哪有不赚钱的道理？吴老板只是笑笑，不吭声。不仅是他，我也知道，朋友好交，生意难做，不要钱不愁有人来，真要是收取些许费用，人就像空气一般遁入无形。

我喜欢这个园子荒败的气氛，弄成不久的木质亭台，因无人看管，表面斑驳，生霉长苔，仿佛有了些年头。我也喜欢当初刻意种下的花草树木，现在已和野草灌木杂生一处，一团一团，参差葳蕤，满是生气，也让我无端地想到《聊斋》。我写小说，心里一直向往蒲松龄那样的生活，找一处荒败的院落或者园林，住下来，白天绞尽脑汁去构思，去码字，晚上想象着这荒山野岭，是否有古怪的来客造访，敲你的门。双手哆嗦着打开，要么是鬼怪，要么是美得不可方物的女人……要不要赌一把？

在这些想象中，朋友的这个荒园就和我建立了某种联系，对我形成魅惑和召唤，我相信待在那里面，即使没有奇遇，笔下也能生出不一样质地的文章。我有这想法时，刚刚结了婚，老婆有了身孕。我说我想独自去朋友的荒园住一阵，老婆就认为我是不想照顾她，以写作的名义，逃避责任。那还能说什么？只好等下去，偶尔想到朋友的荒园，心里就发痒，坐了车去逛一趟，又回，想待在那里有如隐居的愿望，来得愈加强烈。接下来，小孩出生，我就更离不开家。

一晃三年，女儿能蹦能跳，小嘴不停地说话。老婆带着她回娘家住一阵，我无人看管，隐居的念头再一次浮出来，变得强烈。我备好一切必需的物品，去到荒园，心里想着，起码住上一个月，有这样的耐性和坐功，一定能写出不一样的文章，一定能使自己更加像个作家。

事实上，待了三天，我就离开那里。只这三天，我就无比清醒地发现，我更愿意活在人间。

【杂货铺的老伙计】在湘西小集市中有很多这样的杂货铺，一般由年长的老人支撑着店铺，尽管每日买卖频繁，但利润不多。（2008年，洪江托口）

【洪江托口码头老船工】明清以来，洪江是湖南的重要商埠码头，当地百姓大多以行船运货为生，鼎盛时期船舶近千、桅杆林立，有船工一万余人，如今河运衰退，船工所剩无几。（2007年，洪江托口）

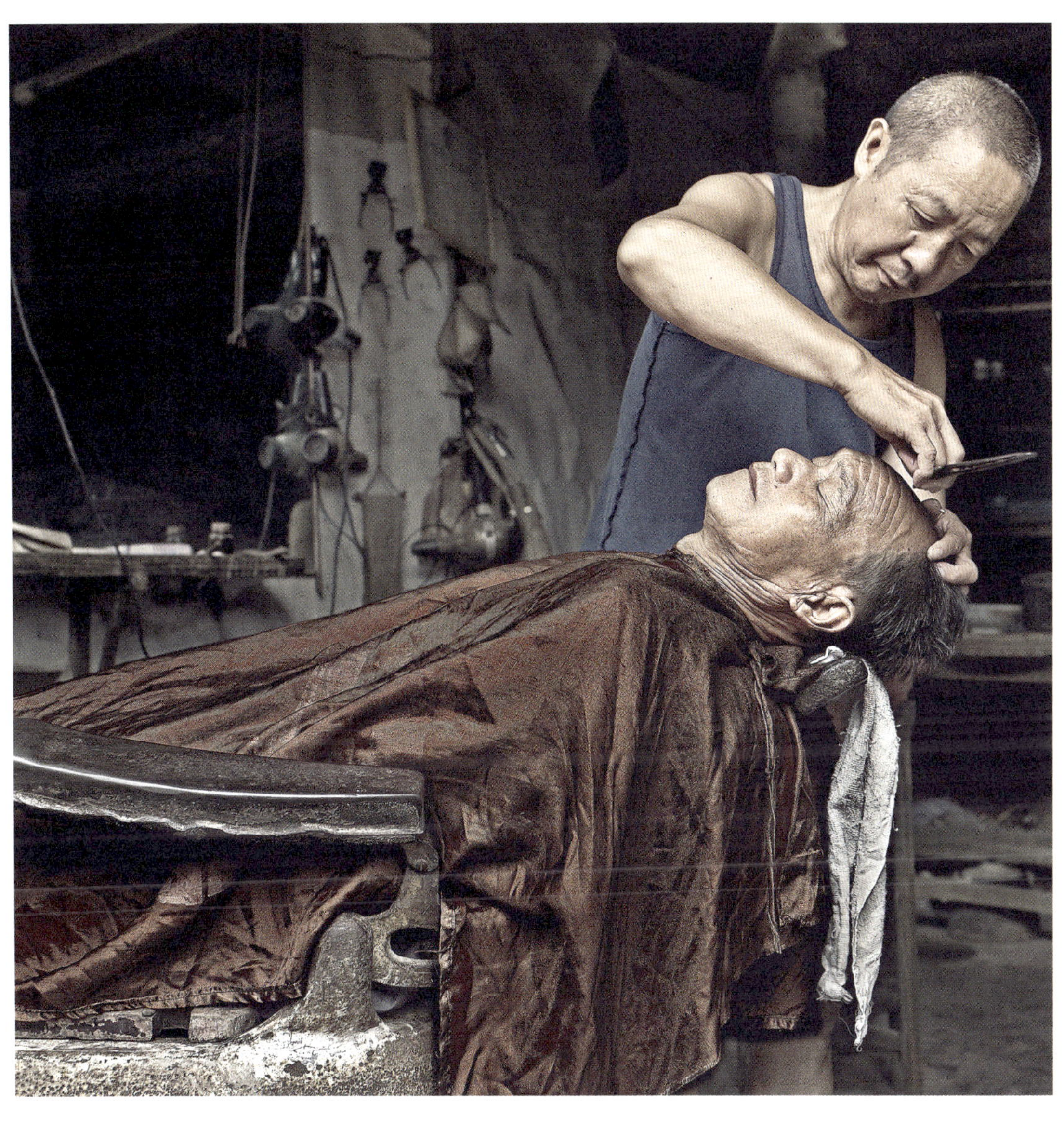

【剃头人】这些日渐消逝的风景只有在湘西一些偏远小镇还能寻觅到，如今老主顾们也越来越少，老剃头匠越来越觉得寂寞了。（2008年，洪江托口）

傩与中国原始巫术有关，而傩面具是祭祀仪式上的重要道具。一系列工具经过与匠人之手的协调配合，方能诞生一具看似个简单朴素的傩面。

風

泸溪傩面师 『鬼脸壳师傅』隐于市

撰文 雷虎 摄影 阮传菊

浦市镇，自明清以来，便是湘西北的商贸中心，位列湘西四大名镇之首。但恕我孤陋寡闻，第一次听说浦市镇还是在沈从文的散文集《湘西散记》中。赶尸、下蛊、落洞的故事，在其他地方，只是远在天边的奇谈异闻，在这里，却是湘西人口头流传的邻家俗事。这一次，追寻沈从文的足迹，我们走进武陵山脉腹地泸溪县浦市镇，寻找定格巫傩文化表情的傩面师。

傩面师大隐于市

沈从文先坐船从洞庭湖进入沅水，然后沿沅水逆流而上，从浦市上岸后，再沿着山路一直步行回凤凰。我们抵达浦市镇，也是一路随沅水而行。只不过我们走的是陆路，沿沈从文的脚步逆行。

乡村巴士沿着沅水逆流而上，我们也从汉族聚居地进入土家族和苗族混居的武陵山脉腹地。虽然是旱季，但是沅水依然不改大江本色，奔腾不息，卖力地切割武陵山脉棕色的山体。

一条条沟壑从山脊上开始发育，在那或宽或窄的沟壑边，散落着错落的黑顶苗族木屋——苗族是住在山背上的民族，这儿是他们的祖居地。乡村巴士偶尔会在山坳边停车，一两个头上缠着布巾、背着绣袋的苗族女子下车，沿着山坳里的羊肠小道远上，最终消失在大山的阴影里。

也会有扛着蛇皮袋、着夹克的男子在靠近沅水的村庄下车，很快就钻进贴着瓷砖的水泥房里——这是一个土家族聚居的村庄，前身应该是沅水边的码头。在没有公路的年代，水路就是高铁。沅水让土家人聚居的地方从寨发育成村，同时也抹淡了土家人的民族烙印。

我们从湘西州首府吉首坐长途大巴过泸溪县，再转乡村巴士后抵达湘西北边陲重镇浦市。一路颠簸两个小时，同行的摄影师叫苦不迭，但我已经很庆幸。我没告诉他们，沈从文每次走这条路出湘西都要一星期。

我们在黄昏时分终于抵达浦市。浦市镇虽然是闻名遐迩的古镇，却和全国所有的乡镇一模一样。一横一竖两条灰扑扑的马路，临街是鳞次栉比的卷帘门店铺，但鲜有人光顾，只有露天叫卖的烧烤摊上还聚集着三三两两的小青年。我们准备入乡随俗，上烧烤摊领略一下古镇气息，摄影师却被路边的另一处“烧烤”唬住了——临街的老房子旁居然有一老者旁若无人地烧纸钱。今天不是清明也非中元节，为什么会这样？联想到我们现在已经处于人巫混居的湘西腹地，明天要拜访的还是神秘的傩面师，所有人的食欲都灰飞烟灭了！

和傩面师约在浦市镇最繁华的十字路口见

面。清晨的浦市镇被一层浓雾覆盖，正当我们准备玩竞猜游戏，看撕开浓雾向我们走来的傩面师将会是怎样的尊容时，一位推着自行车、着瓜皮帽、乡村教师模样的老者悄无声息地出现在跟前——他便是今天的主角，湘西屈指可数的傩面师刘明生。

刘明生给我们指定了他家的位置后，自己骑上自行车，车架上的塑料袋里挂着辣粉条，晃悠悠地消失在浓雾里。我们扛着装备夺命狂追。正准备埋怨傩面师只懂鬼事、不懂人情时，却发现他正坐在前方路口的台阶上，待我们走近后示意我们一起走。这时，我们才发现傩面师走起路来一瘸一拐。“一起走吧，不碍事，湘西太潮湿，老骨头了，多少都会有点风湿，我因为要开相在山里待得多，所以风湿比别人重点！”

城镇化的浪潮席卷全国，地处湘西边陲的古镇浦市也未能幸免。刘明生家住的不是我想象中的老式木楼，而是和城市类似的小区。刘明生家的堂屋几乎无处下脚——这里摆满了长短不一的木料。每一块木料的一端都凿出神态各异的人相：有的是凶神恶煞的金刚，有的是戴着高帽的无常，有的则只凿出半边脸辨不出何方神圣——这些便是刘明生雕琢的傩戏面具，在昏暗的光线下诡异异常。

湘西沅水流域，自古以来便是汉、苗、土家三族混居之地。因为山高路远，交通不便，各种原始风俗得以保存下来，巫傩文化便是这原始风俗中最突出的代表。

沈从文的《湘西散记》中的湘西，是一个民风原始的“失落世界”。赶尸、下蛊、落洞的故事，尽管谁都没有见过，但是湘西边民却都深信不疑。湘西人认为这个世界是人神共处的，但神放不下架子直接与凡人沟通，于是巫和傩这样的人神中介就诞生了。神选择代言人，不能空口无凭，得有信物证明。傩面具便是这样的证物——戴上面具，立马化身为“神”。

在交通不发达的年代，水路是沟通湘西和外界最重要的纽带。沅水流域各族在通过沅水交通时，也把自己的文化融入沅水中。沅水之畔的浦市古镇是湘西北经济最发达处，因而也是文化融合最紧密处。沅水流域巫傩文化尤为兴盛，浦市也因此成了巫傩文化大本营。民国时期，也就是沈从文写《湘行散记》那会儿，是傩面艺人的黄金时代，仅浦市一镇，就有大小庙宇72座。每次节假日庙会，各路神仙就会集体登场。而作为神仙们主要行头的傩面，就会得到集中展示。因而，对于傩面艺人来说，每一次节日，都是他们的才艺大赛。

傩面师的缘和命

1950年出生的刘明生，没有赶上傩面的黄金时代，却赶上了傩面的白银时期。

刘明生第一次做傩面，是在1977年秋天。那时，正值“文革”结束，湘西的巫傩文化在压抑了十多年之后，开始“报复性”复兴——各类佛寺道观不断涌现，民间的傩戏也开始复苏。有佛寺道观的地方就要造像，有跳傩戏的地方就需要傩面，有需求的地方，就开始熙熙攘攘。

那时的刘明生，还只是浦市瓷厂的一名美工。这一年，因为湘西开始兴修庙宇道观，浦市瓷厂一下子接到了大量订单。原本做瓷器的刘明生也被临时调配到新的雕像项目上来。瓷厂为了新项目进展顺利，请来了专门塑罗汉的民间艺人王子军。王子军虽然只是自学成材的民间艺人，却有一手绝活，他

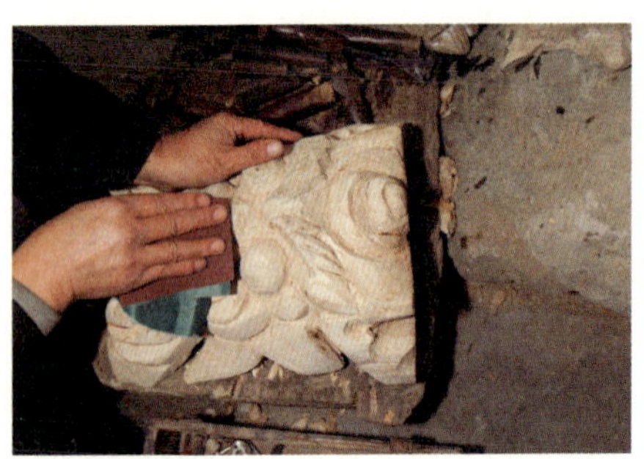

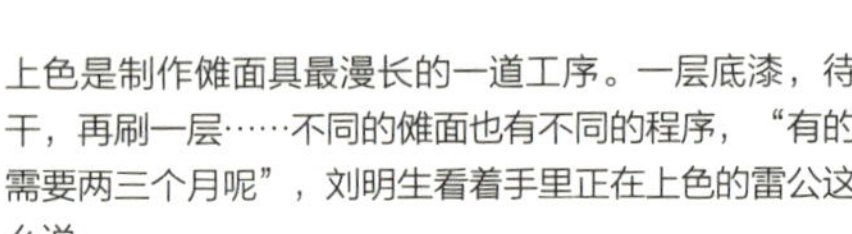

上色是制作傩面具最漫长的一道工序。一层底漆，待干，再刷一层……不同的傩面也有不同的程序，“有的需要两三个月呢”，刘明生看着手里正在上色的雷公这么说。

雕的罗汉，每一尊都惟妙惟肖。这让经历过“文革”文化断层的刘明生第一次领略到传统造像艺术之美。

刘明生看王子军的大肚罗汉看得心动，开始“手痒”了。一个通宵的奋战后，又一尊罗汉诞生。这是刘明生第一次造像。虽然造得很糙，却把握住了罗汉神韵。这让被压抑了十年的王子军找到了知音，当即收刘明生为徒。于是，刘明生将近四十年的造像生涯开始了。

刘明生因为悟性高，很快就被师父王子军送了个“飞蜈蚣”的绰号。他在浦市瓷厂造像，一做就是8年，直到师父已经没什么可教。1985年夏天，35岁的刘明生终于出师，挑着家伙开始当游方木匠。

那时，刘明生做木匠不像媒体报道的那样——“为宣传传统文化”，那时刘明生的动机很单纯——为利来，为利往。巫傩文化在湘西像种田吃饭一样平常，造像是极好的一门营生。游方，为了生计，也为了提高自己的手艺。游方时，刘明生就像武侠小说中行走江湖的侠客，从不住店，逢观必进，逢庙必住，就连见到土地庙，都要停下来研究下土地公公的表情。有一次，为了画好罗汉，他竟然在浦市镇江对岸辰溪县废弃的宋代古寺江东寺中住了半个月。

刘明生挑着工具箱来到浦市西北百里外的白羊溪乡，因为他接到了湘西名刹奇峰寺雕刻佛像的订单。奇峰寺的“造像总监”是年过古稀的雕刻师汤明泽。看到年轻的刘明生也来造像，老人好为人师的毛病就犯

雷公脸雕好后，把所有木屑放到一个盆里，点火，待青烟飘出，把傩面凑到青烟上，这样做一是为了让傩面防腐，二是让它看起来更有生气。

了：“雕菩萨，你可知人体比例？”刘明生随口用造像的行话回答：“站七坐五盘三半。”

汤师傅看孺子可教，当即出了考题：黄灵官，左手握九节鞭，右手擒拿乌龙，脚踏风火轮，甚是勇猛。出完考题后，汤师傅就去做他的“造像总监”了，只留着刘明生孤孤单单一个人琢磨师傅的话。还好他经历了师门八年的历练，又有多次在寺庙观摩神像的经验，更有多年的美术功底加持。刘明生拿出纸，按汤师傅描述的样子勾勒出黄灵官形象后，就开始用刀斧造像。

“那时奇峰寺周围的深山中都是原始森林，我在溪边找了一棵口径有簸箕大的椰树，和村民们一起费了九牛二虎之力弄上山顶后，就开始用斧头、锯子造像了。”刘明生说起造像的经历时轻描淡写，只说盛夏古寺，无水无电也无现代化设备，全凭手锯、斧头、凿子来雕刻灵官，一雕就是半个月，自己的心性得到了极大的磨炼。

当灵官雕成时，所有人都赞不绝口，唯有汤师傅在一旁默不作声。待人群散去后，汤师傅指着灵官对刘明生说：“你雕的灵官勇猛非凡，但你有没想过，灵官为什么要这么勇猛？”这个问题把刘明生问住了。以往他造像时，形神兼备是最高追求，至于什么神像为什么长那样，从来没考虑。看到刘明生对背后的“所以然”来了兴趣，汤师傅又抛出了问题：灵官雕好后，你可知道如何开光？开光要念什么咒语你可清楚？……

这时刘明生才回过神来，原来汤师傅是想收自己为徒，让他雕灵官只是对他入师门的考验而已。他当即下跪磕头拜师。汤师傅是“高手在民间”的典型：佛道两教的掌故、巫傩背后的隐秘无所不知，就连写诗填词、篆刻绘画也信手拈来。

于是，两人白天开像雕刻做工友，晚上授业解惑做师徒。

有一天，汤师傅接到业务，要做“十八罗汉”。但因为“文革”十年，汤师傅的业务停了十载，再加上寺庙皆毁，要临摹也没去处。正当汤师傅焦急万分认为自己晚节不保时，刘明生把“十八罗汉”的图纸递到了师父跟前。原来，这十八罗汉，在废弃的江东寺中正好有现成的。他外出游历时，曾在江东寺住了半个月，早已把这十八罗汉造型熟记于心。这让汤师傅大喜，从此教徒更无保留，压箱底的请神祭典、开光口诀都倾囊相授。

“我做‘鬼脸壳’（湘西人对傩面具的俗称）的手艺就是从汤师傅那里学来的，汤师傅说做鬼脸壳只有核心弟子才会传授，我能学成这门手艺是机缘巧合，也是命中注定！”

刀斧演绎神鬼传奇

讲完自己的故事，刘明生从堂屋里搬出一块已经雕出模糊脸孔的木料，开始演示如何制作傩面。

“傩面的木料没有太多讲究，一般是就地取材。因为戴傩面的就是普通百姓，太名贵的木材没必要，也没人要！”刘明生一边把面具粗胚放在案板上固定，一边自嘲：“外人把傩面师看得很神秘，我们湘西人可不这么认为，抛开傩戏，傩面师其实就和木匠差不多。”

粗胚固定后，刘明生拎出工具箱，像哆啦A梦一般从工具箱里拿工具：锯子、斧头等大件摆在地上；刨子、锤子等中号放在案板边远一点的地方；圆凿、方凿、油刷、调色板等小件则放在右手边。

“你姓雷，我今天就雕一个雷公吧！”说着，刘明生就拿起笔刷在木质粗胚上画起来。唰唰几笔，木胚上就出现了一幅似人似鸟的类漫画肖像。

“雷公名字虽然威风，长得可有点惨不忍睹啊！《西游记》中，孙悟空经常被骂成‘毛嘴雷公脸’，你看和这像不像？”刘明生画得不够精细，甚至可以用粗陋来形容。因为傩面主要是傩祭时的道具。傩祭是驱鬼逐疫的仪式，在古代，傩祭是全民参与的，按规格不同，有“天子傩”“国傩”和“乡傩”之分。天子傩为天子专用，国傩参与者为王公贵族士大夫，而乡傩的主体则为下层百姓。天子傩或国傩后来慢慢发展成阳春白雪的雅文化，而乡傩则慢慢成为俗文化的典型。泸溪傩戏便是乡傩的一种。

“乡傩时，来唱傩戏、看傩戏的都是乡里乡亲，太精细的东西他们体会不了，所以傩面的造型越夸张，雕工越粗陋，反而越能引起他们的共鸣！”刘明生左手握凿，右手抡铁锤。手起锤落，木屑横飞。几分钟工夫，地上木屑散落一地，木胚上的雷公脸也逐渐从平面变为立体。最后铁锤落在雷公的眼睛上，只听两声清脆的声响，雷公的两只眼睛终于洞穿了。这时，刘明生拂去雷公脸上的木屑，把傩面贴在脸上。一瞬间，雷公便从和蔼风趣的老者变成凶神恶煞的模样。

如果想“变身”为傩戏角色，一具傩面具就能满足你。再来一出傩堂戏，酣畅淋漓。

雷公脸雕好后，刘明生从屋里端出一个搪瓷脸盆，把地上的木屑都放进脸盆中，生起一盆火。待脸盆中升起青烟时，刘明生把刚雕好的傩面凑到青烟上。

“这是雕傩面的仪式吗？让刚雕好的傩面‘吸烟’？”我忍不住问了一个很外行的问题。

“哈哈，的确是让傩面‘吸烟’，但你把这一行想得太神秘了，这可不是什么仪式。用烟熏，就像熏腊肉一样，一是为了给傩面防腐，二是让傩面看起来更有生气！”刘明生把傩面按在火盆上，烤一两分钟换一个位置，动作像烧烤摊的小伙子在烤肉串一般娴熟。烤了十分钟，傩面里外都熏得泛黄，刘明生这才把傩面摊在案板上让其冷却。

然后，他端起案板上的调色板，不紧不慢地调色。调好色，拿起傩面，就像京剧演员画脸谱一般给雷公“化妆”。

上色是一个漫长的过程，先涂上一层底漆，待底漆干了后，再往上加一层……仅给傩面上色这一道工序，有时就要持续两三个月。好在傩面颜色往往比较单一，要么大红，要么大紫，更多的傩面，像牛头马面、无常等，都不用上色，只需要刷几层桐油就完工了。刷完漆、上完油，装上供佩戴用的带子，傩面的制作阶段就结束了。

从娱神到娱人

如果是普通的木匠，在这个阶段，作品已经完工了。但是对傩面师来说，傩面却还不能“出厂”。因为傩面是沟通人神的道具，要出现在傩祭仪式上，还缺最后的流程——开光。其实，不仅仅是傩面，在湘西，任何神像都需要开光，而且开光时，不同的神像还需要念不同的咒语。

我们恳请刘明生好人做到底，给眼前的雷公开光。刘明生摇了摇头：“开光是一件很严肃的事情，哪能说开光就开光啊！”但是傩面师似乎又不忍心让我们过分失望，于是决定给我们秀一段傩祭时的道家咒语：

傩面具神情或凶猛，或温顺，或阴森，或扭曲……除了与神有关的身份外，也可以在傩面具中看到它世俗化与人性化的气息。不同的面具功能各不相同，有的驱鬼，有的逐疫，有的用在傩戏和祭祀等民俗活动上。

祖师为我敕灵鸡
本师为我敕灵鸡
你未敕是凡间鸡
敕了化成开光鸡
点天天清
点地地灵
点人人兴旺
点神神复兴
点了凶神恶鬼慢走不停留……

刘明生咒语念得正兴起时，突然停止，因为他瞥见了我的录音笔。在刘明生看来，这是辟邪驱魔的咒语，是道家安身立命的本领，是轻易不与外人说的。刘明生放下念了一半的咒语，说要给我表演一段傩戏。在他打电话找傩戏戏友的间隙，我偷偷地百度了一下关键词，完整的咒语就跃然手机屏上。我继续向眼前的傩面师投去崇拜的眼神，傩面师见我孺子可教，破例告诉我："这咒语是我老师教我的几大压箱底的咒语之一，一般人我不念给他听！"

手机屏幕显示，这咒语名为《敕灵鸡咒》，是道家神像开光、民间安葬时必念咒语——现代科技就是这样不懂风情，轻而易举地就把傩面师的骄傲和神秘撕得粉碎。

雷公面具成型，刘明生站起来，拿着傩面一步一顿地走进另一个房间。当我跟着走进房间时，我看见刘明生嘴角挂上了诡异的笑。

"这么黑怎么不开灯啊？"摄影师也跟着进屋，按亮了白炽灯。灯亮，一声尖叫响起——房间四周墙壁上，挂满了各式凶神恶煞阴森扭曲的脸。这是刘明生的傩面陈列室，罗列了六七十件傩面，有牛头马面、小鬼判官、黑白无常、十二生肖、三十六天罡，也有雷公、电母、风神，还有地藏王菩萨和十八罗汉……佛家、道家神像皆有，苗、土家巫术人物也不缺——走进这房间，就如同走进了一个众神集聚的世界。

"这是祭祀面具，这是开山面具，这是跳香面具，不同的面具有不同的功能，有的驱鬼，有的逐疫，有的用在傩戏和祭祀等民俗上。"刘明生站在傩面墙边，每拿起一个傩面都滔滔不绝。正当他讲得兴起时，门开了，走进一位着黄色戏服的中年妇女。她便是刘明生请来给我们跳傩戏的"傩友"。

两位傩友见面后，心领神会地点头。她拿起电母的傩面戴上，左手递给我黄色的傩戏戏服，右手递给我雷公的傩面。我换上戏服，化身雷公后，刘明生就从柜子里取出一只二胡，拉起了诡异的音乐。音乐声起，"电母"挥动着双手跳起夸张的舞步，我也跟着"电母"的步伐开始学步，化身"雷公"。

"动作更夸张点，不要拘束，你可以想象你是原始人，当你耕田、狩猎，劳作归来时，一群族人围着火堆欢庆丰收……"刘明生一边拉着二胡，一边指导我如何跳傩戏，一边向我讲述傩戏的来源。

傩戏是人类祖先自然崇拜的残留，也是先辈生活场景的再现。它最开始只是一种人类取悦神灵的仪式，后来慢慢演化成娱神娱己的活动。在65岁的傩面师刘明生身上，傩戏从娱神到娱人的趋势体现得淋漓尽致:他集聚了一帮巫傩发烧友，组建了一个傩戏班子，逢年过节就到湘西各地演傩戏。

"我不知道我会影响多少人对傩戏感兴趣，但起码我影响了我的家人。我孙女在我的影响下学了民俗艺术专业，她对我这个傩面师爷爷引以为傲，这对一个傩面师来说，够了！"

湘西腊尔山台地的苗族巴岱龙云高

手诀
湘西深处的巫傩密码

風

摄影 张谨
撰文 雷梦舒

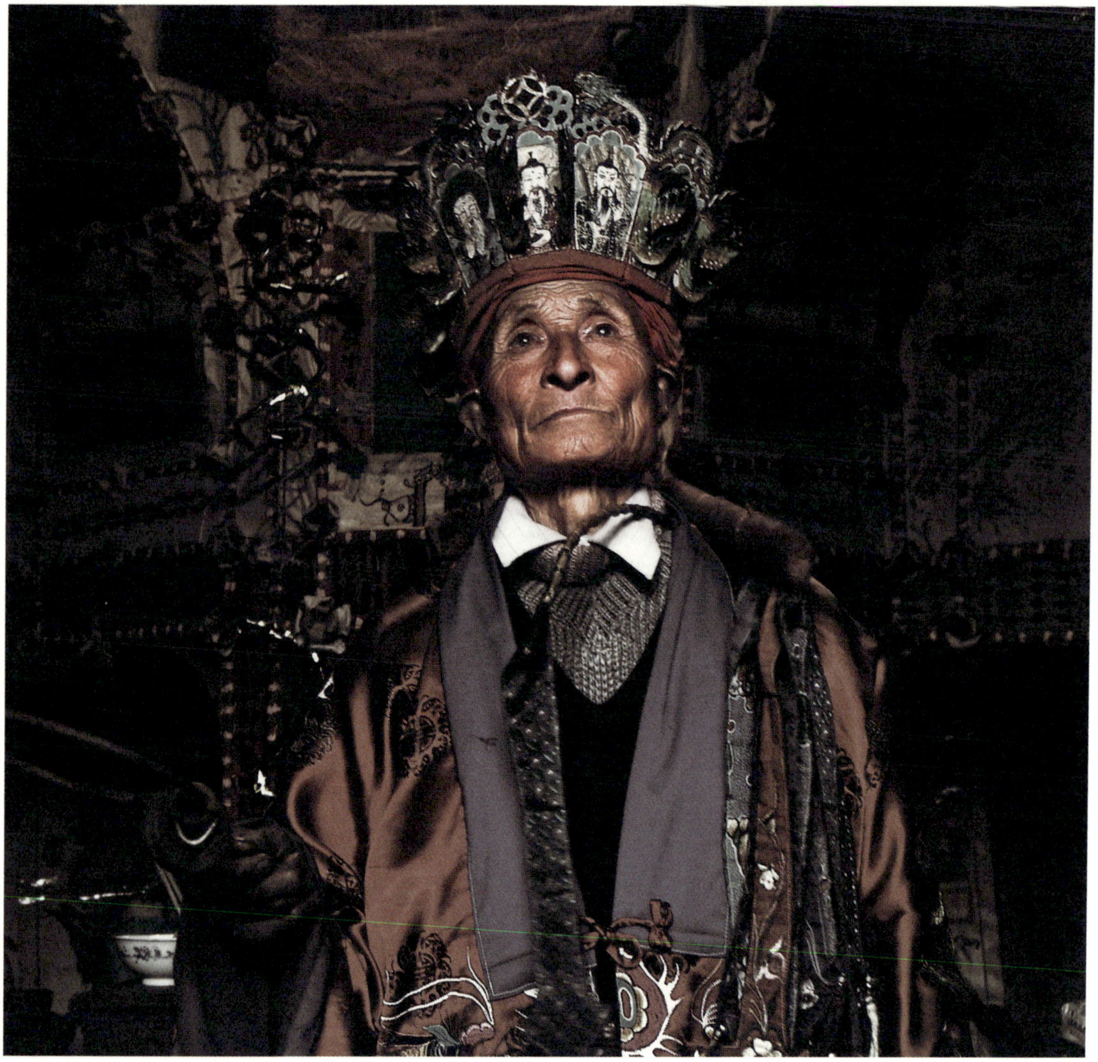

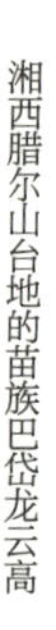

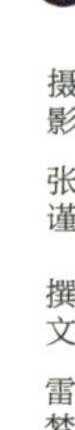

湘西『还傩愿』手诀秘籍

在过去，许多湘西人关于生老病死、日常劳作的经验与期待都维系在一个神秘的世界里，这个世界充满了巫术与傩俗，它因为难以被外面的人理解，反而成为被关注与探寻的对象。

“巴岱”是这个神秘巫傩世界的守门人，也是主持人。他身后的世界幽眇深远，可以追溯到上古时期。

“巫傩”是“巫”与“傩”两种文化相结合的产物，“巫”是巫术，是巫者运用一定的仪式形式，利用某种超自然超人间的神秘力量，使其影响人们的生活。很早的时候，人们并不认为有鬼神存在，相信人可以用自己的力量呼风唤雨、杀死敌人、获得收获，这是早期的巫术，后来鬼神观念渐渐进入人们的头脑中，就形成了巫鬼文化。“傩”是一种更加热闹的形式，最常见的是傩祭，是一种全民群体性的祭祀活动。在湘西，巫的出现要早于傩，春秋战国时期，楚巫信仰就已传入湘西，成为湘西的主流文化，后来随着

大排

“排”为法师随身携带用于赶鬼和捉鬼的武器，大排威力大，可进行大规模扫荡。

小排

小排用于小规模的歼击。

大旗

“旗”是法师所能够号召的兵将队伍所举的旗帜，大旗代表着召唤总部队。

小旗

小旗代表着召唤各小分队。

月亮

用于夜晚作战时召唤出月亮，为法师的兵将引路。

追魂打洞

鬼常会把人的魂魄拿去藏于洞中，巴岱法师前去追鬼，把人的魂魄取回来，这一过程就是追魂打洞。

五猖兵将诀

有兵即有将，带领兵将完成法师号令，即为“五猖兵将诀”。

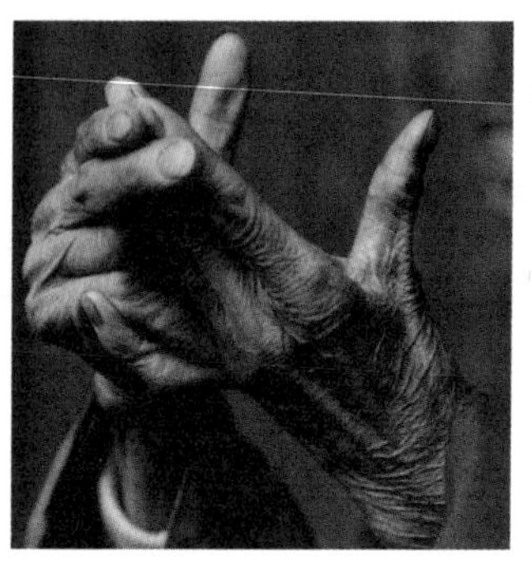

回兵诀

把兵赶回后，调兵将于营坛，方便以后调遣，即为“回兵诀”。

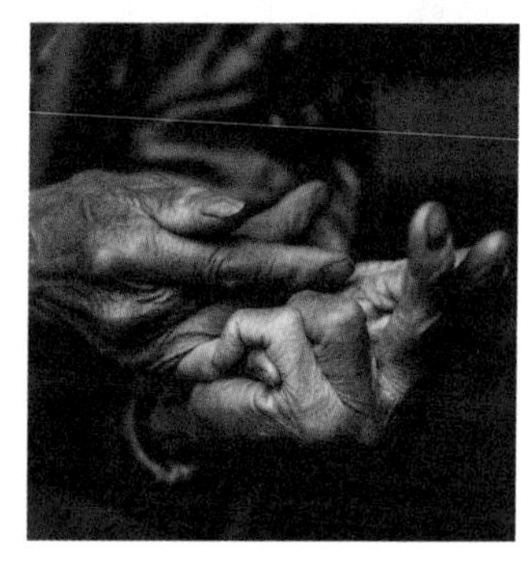

藏身诀

法师做这道诀将自己的本命元神收藏起来。

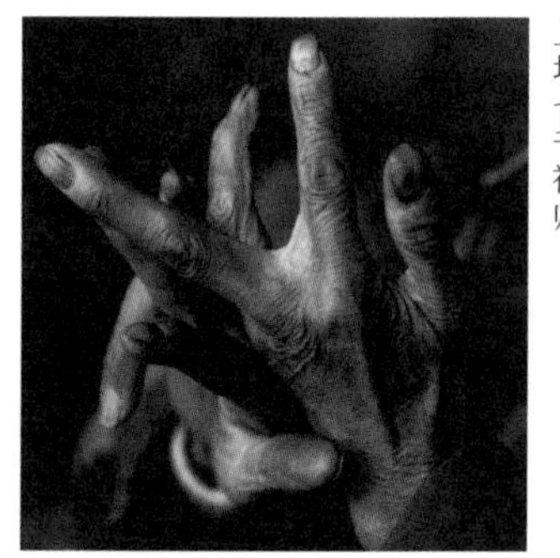

上坛七千祖师

法师完成一整套法事，要有各大祖师的保护和辅助，这道手诀是在召请各大祖师。

早金银诀

做法事时用的碗早上装金银，三十六人抬不动。

太上送法诀

太上老君送法诀给法师，法师必须接受，即为“太上送法诀”。

送神诀

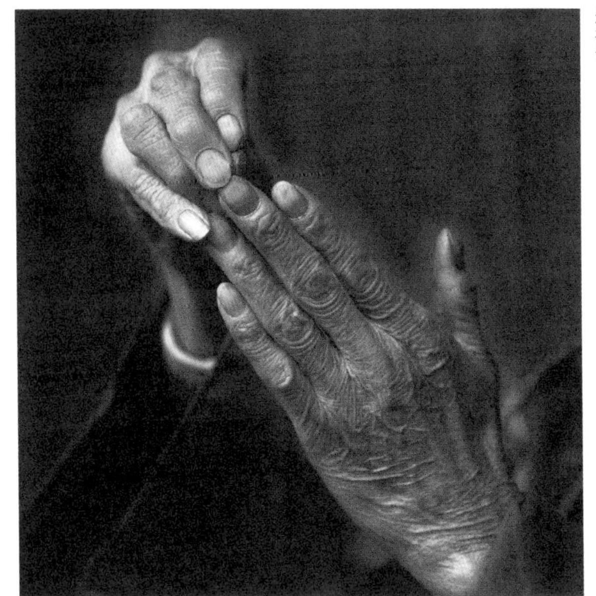

请神容易送神难，若送神的礼节没有到位，各路神仙就会留下来吃喝住，所以要认真诚心地做送神诀。

护身诀

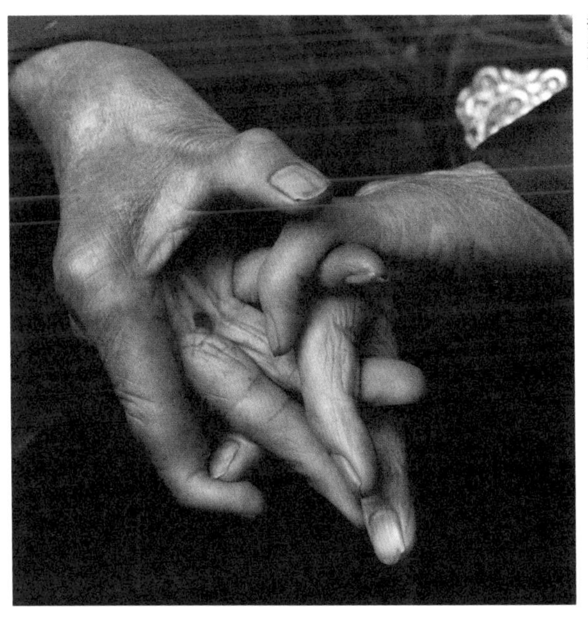

丑鬼多容易惹麻烦，法师做法之后为了保护自己不受鬼神侵犯，必要时以护身诀做结。

巴岱手诀往往与符纂、咒语合用

汉文化的渗入，单纯的巫文化已经无法满足人们的精神需求，傩文化恰恰能满足这一点，因此巫傩两种文化走到了一起。

巴岱是巫傩法师，负责沟通人们的生活与巫傩世界，找到巴岱，就找到了通往巫傩世界的一扇门。“巴岱”是湘西苗族特有的古代原始名词，意思是“主持祭祀祖先的人”，他们本身是农人，不事巫傩时，生活状态与普通农人没有什么两样。他们分为苗语巴岱与汉语巴岱，这两种人祭祀的神灵、主持的仪式、使用的语言、服饰、法器都有不同，

手诀一般靠“言传身教”的方式代代相袭

但有一个重要的共同之处，就是他们在祭祀活动中都使用手诀。

除了巴岱本人，其他人很难解释手诀的详细含义。手诀既是一种手部动作，也是一种特殊语言——巴岱在做法时，用十指的勾、按、屈、伸、拧、扭、旋、翻等等各种造型与神沟通，借此来发挥驱邪镇鬼、祛病解厄的法力。

“三十六手诀”是巴岱做法的36种手势，展现了法师从用武器驱鬼、指挥兵将到收兵回坛、送神护身的做法过程，甚至包含了战斗过程中非常具体的内容。其中有代表法师调兵遣将用的“大旗”“小旗”，有代表具体作战方法的“追魂打洞”，还有做法中请求同行同道帮助的“中坛八千八万诀”。

在民国时期的一次调查中，民族学研究者石启贵记录道：“巴岱的手诀多达六百多种，但至今最多只能扳六十多种。”大部分湘西手诀已经在漫长的岁月中缓慢地消逝无踪。

摄影_吴越

湘
西

GENUINE
WEST HUNAN

刘大炮就是在这样一池蓝靛中，染制了令沈从文、黄永玉、张仃着迷的蓝印花布。

凤凰草木染，『最工者愁』

物

撰文 雷虎 摄影 阮传菊

做湘西攻略时，我特地把谢晋的老电影《芙蓉镇》拿出来温习。当看到刘晓庆扮演的胡玉音着一身蓝白碎花布出场时，同伴惊叫起来："这不是蓝印花布吗？当下最时尚的中国风，怎么上世纪80年代就流行了？"

"这只是一种湘西土布蓝印花布而已。《芙蓉镇》里的胡玉音，《边城》里的翠翠，以前的湘西姑娘都这么穿！"

听了我的话，同伴立刻修改了行程表，重走沈从文《湘西散记》之旅，首站变成了凤凰。只因为有探子报，在凤凰古镇的深巷中，有一家传承了六代的草木染老染坊；老染坊里，住着一位传奇的老染匠。

寻：古镇深巷藏染坊

凤凰古城要收昂贵的门票，这让本来就不是旅游旺季的古城显得更加冷清。大批游客聚集在沱江之畔的城门入口。很多女孩头戴苗银、身着红裙、背着竹背篓在扮苗家女，也有很多人在等着守古城的门卫打盹，好乘机溜进古城。

终于，守城门的小伙子被漂亮的苗家女吸引，擅离职守了，于是一大批拿着长枪短炮的游客涌入古城。等城门守卫回过神来，古城已经沦陷，上演"攻城记"的游客们早已经融入了古城的大街小巷。

我们也是潜伏进古城的一员，慌不择路，闯入了一条名为文星街的小巷，路过民国第一任民选总理熊希龄的故居，来到一家湘西手工姜糖作坊门前。一老一少正在作坊门前抡着木槌卖力地打着姜糖，姜糖铺被人围得水泄不通：一半人等着尝姜糖滋味，一半人拿着手机拍打姜糖的场景秀朋友圈。

姜糖打好后，很快就被围观者瓜分完毕，我们咀嚼着老姜糖中的老滋味，走在古城的石板路上。虽然古城的商业味已经很浓，但眼中所见灯笼红、耳朵听到打银声、鼻子闻到姜糖味，还是让内心对古城生出几分好感。尤其是在灯红酒绿中看到一面蓝白黑三色相间的布幌子在风中摇曳。走近时，风停了。定睛一看，旗子上写着几个飘逸的草书：刘大炮老染坊。草书下面有一行蝇头小楷：丙戌，黄永玉题。

这便是我们要寻访的传奇染匠刘大炮？这也太容易找了吧？没有费力寻找自己就撞进镜头了？

凤凰的酒吧和客栈，以"遇见""偶遇"为名者不计其数。凤凰之行，我们没有艳遇，却遇见了湘西最惊艳的蓝印花布染布匠刘大炮。

刘大炮抚摸着眼前这块精细的印花布。两块布没有占满竹竿的三分之一，而一旁立着的仅有的几支竹竿，似乎让刘大炮想起了老染坊辉煌的往日时光。

据说，刘大炮家是凤凰的染布世家，染布技艺到刘大炮这一代时尤为惊艳，以至引得沈从文、黄永玉等从凤凰出走的文化名人纷纷特地回凤凰来寻访。沈从文赠其字，两联；黄永玉为其画像，两幅。

如今，这受大腕们争相拜访的老染坊却门前冷落车马稀，人气远不敌气派的熊希龄故居，也逊于接地气的姜糖铺。游客们看到老染坊的幌子后，偶尔会有人举起相机留影，却鲜有人发现这染坊上的几个字是黄永玉亲笔所题。

走进老染坊，堂屋没有手艺作坊模样，却似读书人家的中堂。堂屋正中摆放着一把躺椅，躺椅后面的墙壁上挂着一幅漫画，漫画上画了一位老者，怒目圆睁如金刚，双手扶膝而坐，蓝色的双手染蓝了裤脚。

摄影师笑言这是儿童画，但是看到画两边配的文字后就立马闭嘴了——“大炮在此，百无禁忌”。落款又是黄永玉。

匠：大炮在此，百无禁忌

穿过堂屋后，老染坊现出了模样：堂屋后面是一个四十平方米的天井，天井靠右边是个蓝渍斑斑的大水泥池，水泥池用石棉瓦覆盖，却不断有淡淡的腐烂气息从中飘出。

我们连呼了几声都无人应答，瞥见天井最靠里边的一间小门敞开，便探了过去，发现一位老大爷正静静地看着电视烤着火。直到我们进屋后喊了两声，大爷才抬起头来，眼睛睁得如铜铃一般瞪着我们，表情和堂屋里挂的画像上的人一模一样。他便是传说中的老染匠刘大炮了。

我们表明来意后，老人手脚才从围着布帘的八仙桌下的火炉上移开，眼才从电视上的NBA赛场上挪走，抬起手指了指墙壁四周——壁上挂满了各式各样的蓝印花布。听说我们要拍摄蓝印花布制作的工艺过程，刘大炮起身，慢吞吞地走到天井里的水泥池旁，掀开池子上的石棉瓦，手伸进水泥池蓝色的池水中搅动片刻后拿起来，说：“今天印染不成，明天吧。”

“怪不得那画上手是蓝色的，原来是被这池水染的！”摄影师看到眼前景象后惊呼。听到摄影师的话后，刘大炮的热情似乎被点燃了。他快步走到堂屋的画像前，用蓝色的手指着画说：“你说的是这画啊？其实黄老首先给我画的不是这幅！”刘大炮把我们领进卧室，卧室墙壁上也挂着一幅怒目金刚双手扶膝、正襟危坐的画像。

“黄老第一次找我染蓝印布画后，给我画了这幅，我说画得不像！后来他找我染画多了，观察仔细了，一次我刚捞完布，双手沾满靛青时，让我坐定画了这幅，这次，有几分像了！”

刘大炮搬了把凳子，坐在堂屋的画像前，点了一根烟，开始讲述自己家族和草木染的往事，还有自己因蓝印花布和黄永玉结缘的故事。

草木染原本是利用植物的根、茎、叶、皮来给纺织品染色的一种最普通、最传统的民间印染工艺。

凤凰因地处汉、苗、土家三族交汇处，自古便是文化汇聚之地。文化的交融带来了草木染技艺的碰撞；湘西山地丰富的植物资源又为草木染提供了丰富的染料；沱江穿城而过，既给草木染提供了染布必需的丰富水源，又为布匹运输提供了便利。因此，凤凰自古以来便是草木染兴盛之所。

刘大炮，本名刘贡鑫，祖上连续五代都是凤凰县城的名染匠。那时，做草木染可不像现在一样充满文艺范儿，而是最辛苦讨生活的劳作。12岁那年，邻居黄永玉因为家贫，辍学离开家外出闯荡。而12岁那年的刘贡鑫，也因为家贫辍学，子承父业做了染匠。此后70年，他每天的生活，便是山上、染坊、沱江——在山上采得板蓝根后，捣碎做染料，在染坊里给布上色，然后把染上色的布匹挑到沱江边漂洗。14岁那年，同乡沈从文刚开始外出从军；黄永玉刚开始发表作品；而刘贡鑫已经独当一面，在沱江边独立开起一家新染坊。20多岁，沈从文开始用文字写湘西，成为名作家。黄永玉用绘画描湘西，成为名画家。而刘贡鑫依然是一个染匠，却因为染布名气和脾气一样大而博得了“刘大炮”之名，成为凤凰最有名的染匠，以至于人们慢慢只记得刘大炮之名，而忘记了他真实的名号。虽然没能像同乡沈从文和黄永玉那样名动天下，刘大炮却拥有了一个染布匠人最高的荣耀。

在和同城的染布匠切磋无敌手后，刘大炮也像同乡沈从文和黄永玉一样，从沱江边的码头登船。或沿沱江上溯到贵州、四川，或顺江而下抵沅水、过洞庭到湖北，几十年下来，游遍湘西周边四省。像武侠小说中的侠客收集武林秘籍般，他收集到印花布图案100多款、印花布雕版300多张。通过研究收集来的图案，刘大炮慢慢融会百家，从湘西的染布世家蜕变为全国草木染界“百无禁忌”的顶尖高手。

艺：草木本心蓝白间

故事讲完，刘大炮拿出一张纸片，指着纸片上的电话说，要演示蓝印花布工艺的话，得找他儿子刘新建，因为自己年事已高，已经不染蓝印花布好多年了。蓝印花布如今销量不好，儿子也已经不经常生产，很多工艺要演示的话，得提前准备。

我们当着刘大炮的面拨通了刘新建的电话，电话接通后，刘新建不问我们是谁，只问是谁要我们打电话的。当得知是刘大炮授权时，只说了一声："成，明天早上九点半。"得知儿子同意演示后，刘大炮就开始围炉看电视，不再理会我们。此时电视上的节目，已经由NBA换成了拳击赛。

第二天，我们在约定的时间抵达染坊时，一位西装革履的中年人正拿着两张镂空黄纸板从楼梯间下来，他便是老染坊草木染第六代传人刘新建。

刘新建手上拿的黄纸板便是蓝印花布印版。而纸版上的镂空，对应的是蓝印花布上的白花。雕版是蓝印花布工艺中的第一道工序。做雕版时，先用七层牛皮纸叠加在一起，涂抹上桐油，待桐油风干后，将设计好的花样画在纸板上，然后用铿刀在纸上镂空。"蓝印花布的图样通常是对称的，你只要画四分之一大的花样，然后其他部分照葫芦画瓢就行了。"刘新建拿着一张两尺见方的雕版比划。像这样大的雕版只是蓝印花布雕版中的中号，雕这样的版，熟练的雕工最少也得花一周时间。因此，刘新建今天没工夫演示雕版工艺，而是拿了一张父亲20世纪80年代云游时从湘西三山镇一家倒闭的染坊里收的老版演示。

"做完这次演示，这张雕版就要退休了，因为牛皮纸不耐磨，一张版通常印十张花布就要作废了。"刘新建对着清晨的光线检查了镂空的雕版后，在案板上平铺了一层白布，把雕版平铺在白布上。然后从案板底下拿出一只桶，用木勺舀出桶里白色的"面团"倒在雕版上。白色的"面团"被称为防染浆，由细石灰和大豆粉混合而成，它们是用来填充雕版镂空处的。

只见刘新建用一块木刮板像糊墙一般把防染浆在雕版上来回刮动，直到防染浆把雕版的镂空填满，整个雕版成为一个平面。"这一步叫刮浆，刮浆完成后，染色的准备工作就完成了。接下来要上演重头戏——染色了！"

刘新建走到水泥池边，掀开水泥池上的石棉网，一股腐烂味立马充斥了整个天井。刘新建挽起衣袖，在蓝色的池水中搅动了几下，用一只手舀起蓝色的池水后，把手指分开点了点头。

"嗯，可以入染了。"刘大炮不知何时站到了刘新建身后。他看了看儿子手指上残存的蓝靛，点了点头。

听到父亲的旨意，刘新建奔回房间，把案板上刮好浆的雕版掀开。案板上的白布和防染浆组合成一幅和雕版上的镂空一模一样的图案。只不过镂空是阴纹，而白布上是阳纹。儿子拎着印着白花的白布走过来，父亲也没闲着，他拿起一支木棍在水池里搅动。随着木棍的搅动，池中蓝靛开始翻滚。一股更强的腐烂味扑面而来。

"搅缸时，味道的确挺难闻，不过不要担心，这蓝靛是完全无毒的，它由板蓝根、碱、石灰组成。别小看这一池水，它可是蓝印花布的'碱骨灰肉'，没有它，我们染匠就巧妇难为无米之炊了！"在刘大炮搅缸时，刘新建拿着一块印有白花的白布大步走到染缸前。这时，刘大炮退了下来，刘新建站上水池边的案台，双手把白布浸入池水中。

"这一步，学名叫入染，有白花的地方，因为防染浆把地方占了，蓝靛进不去，所以就形成了蓝印花布的白花。没防染浆的地方，

不用工具，就这样徒手拎出一把蓝靛。他说：“不用担心，蓝靛是由板蓝根、碱、石灰组成的，是无毒环保的。”

十多分钟的漂洗后，将洗净的布悬挂在一节一节的竹竿上晾晒，使其干透。站在一旁的刘大炮看着悬挂在竹竿上的草木染，默默无言。

刘新建在展示染布过程：刮浆、下靛、搅缸、入染和漂洗。摄影_李锋

就被蓝靛入染了，就形成了蓝印花布的蓝底。”刘新建在水池边入染，刘大炮在儿子背后讲解：“为了让布全部入色，往往要反复浸染四五次才行。”

一块蓝印花布染完，用掉了整整半个小时。正当刘大讲解员准备收工进房看拳击赛时，刘新建又从房间里拿出了一块白布。刘大炮一双铜铃般的眼睛瞪着儿子看。

“这一块是蜡染，人家要看的是整个草木染，我当然得把蜡染展示给人家看了！”刘新建不和父亲对视，把一块蜡染的白布展示在我眼前。草木染有三大种类——蓝印花布、蜡染和扎染，工艺大同小异，不同的地方，就是防染剂不同。蓝印花布是用豆浆和石灰；蜡染是用蜡，蜡画的地方是白色，不沾蜡的地方成蓝底；而扎染则是用绳子，被绳子捆紧的地方是白花，其他地方是蓝底。

当蓝印花布和蜡染布都染好色后，父子俩一人拿一块布走到水池边的空地上。刘大炮把蓝印花布浸入装满冷水的脚盆中漂洗，蓝印花布入盆，清水立马变蓝；刘新建则把蜡染布放进一个木桶中，从厨房拎出一水壶开水，开水入桶，一层白花花的蜡浮出水面。父子俩来来回回相对无言，经过十多分钟的漂洗后，蓝印花布和蜡染布终于都新鲜出炉了。父子俩一前一后走上三楼。把两块布分别晾在三楼室内的竹竿上。待布晾干，一块蓝白相间的草木染手工布就出炉了。

传：最工者愁，肉食者谋

看着布匹晾上竹竿，刘新建给父亲递了一根烟，然后父子俩就对着两块晾晒着的布匹发呆。两块印花布只占据了一只竹竿的三分之一长，而晾房里有四五只竹竿。从竹竿的长度和密度依稀可见这老染坊的辉煌，而竹竿上灰尘的厚度则显出了凤凰草木染的现状。

“草木染土布曾经是湘西底层百姓居家必备的，但是，如今早已没人穿了，也没人穿得起了。”刘大炮走进晾房旁边的房间，这房间里摆放着几只木质的老式衣柜。刘大炮打开衣柜，衣柜中塞满了各式印花布。

“现在的人嫌蓝印花布太重、颜色太单一，就连我们湘西人也不拿它做衣裳了。但我就不信了，我们家做蓝印花布，做了六代人，我自己也做了70年，这祖传的老布就没人要了？没人要，我就自己做出来，放进自家柜子里留给我儿子！”刘大炮说着瞪了儿子一眼，发现刘新建正在偷笑，于是立马转变语调：“儿子嫌弃，那我就传给我孙子。我就不信，连沈老、黄老、张仃教授都当成宝贝的东西，会没有人要！”

听到刘大炮开始放炮，刘新建连忙给老头子点烟：“我要，沈老给您写的对联，黄老给您画的画，还有张仃教授给您题的词，我全要！”刘新建边说边把今天印蓝印花布的雕版用夹子夹好，晾在竹竿上。

“其他的你别想了，这些花样、雕版传给你，你可别再给我弄坏了！”刘大炮看着儿子正在晾晒牛皮纸雕版，于是不疾不徐地走进晾房的角落处。角落里是一个木质的架子，外表就像个百叶窗，每个小隔间都像个大而浅的抽屉。刘大炮抽出一个抽屉，里边是一张镂空的黄色牛皮纸——这个花样架，便是刘大炮一生之藏。

曾几何时，蓝印花布是民间最常见的手工

一把手工精雕的大木槌，一排泛着岁月痕迹和色泽的印染工具，演绎了两段人生，成就了一段老街传奇。

布，江苏南通、湖北天门、山东潍坊，甚至东北三省，都能见到它的身影。但是，随着电脑印染的发展和人们审美品位的改变，蓝印花布，甚至整个草木染都退出了人们的视线。刘大炮年轻时，为了提高染布技艺而云游各地收集花样。再到后来，染坊慢慢消失，已成为整个草木染“最工者”的刘大炮，开始抢救性搜集花样。

在他年轻时，虽然草木染已开始慢慢衰落，但是老染坊还有迹可寻，老染匠或多或少还会留着一些花样。但是随着时间流逝，老染坊遗址都找不到了，老染匠们慢慢都去世了，花样找起来就越来越难了。现在刘大炮手上的花样，大多成了孤版，但是这穷尽几十年岁月收藏的“草木染基因库”却险遭灭顶之灾。2014年夏天，凤凰城连降暴雨。众人只知道洪水冲毁了凤凰的风雨桥，却鲜有人知道，连日阴雨使刘大炮零乱摆放在一楼的花样霉烂无数。好在刘新建机灵，做了这样一个花样百叶箱，从此刘大炮一生收藏的花样终于有了一个“现代化”的基因库。

“最工者愁”，是中央工艺美院第一任院长张仃教授到凤凰拜访刘大炮时给他的题词。这四个字正切中刘大炮的要害。“要我父亲来愁整个蓝印花布的未来，有用吗？在自家做了六代的老染坊里染色，在沱江里漂洗都变成非法了，无毒的草木染作坊居然可以是污染企业，最工者当然愁了！最工者愁有用吗？‘肉食者谋’我看行！”刘新建不但继承了父亲的染布技艺，也继承了父亲“大炮”的个性。

如今，刘大炮已经不过问草木染“江湖事”。凤凰有所学校开了非遗培训班，刘新建每周去给学生上几天课。现在家里的草木染作坊很少开工，但是学校却每天上课，自己的事业也算得到了延续，只是从染匠到教书匠的转变有点太大了。对凤凰草木染的老手艺人来说，他们需要的是艺不离手，但是如今，手艺却变成了纸上谈兵。

随着“中国风”席卷全国，几乎一夜之间，凤凰古镇上建起了N家草木染作坊。这些草木染店铺的主人，很多都是艺术院校的毕业生，有很强的绘画功底和新颖的设计理念。很多游客在游览凤凰古镇时，总会把草木染店当成一种风景来看。店铺中有工艺展示，游客甚至还会学一手，然后在微博、微信上秀一下工艺。于是店铺的名字就被记住了，客户也就流入了。

而凤凰老街上，草木染“最工者”却隐藏得最深。

天长日久，龙玉门织好的花带已挂满了绳子。这道“彩虹墙”色彩斑斓，却如她的神情般恬静。

苗族花带
花样苗女花样证物

撰文 雷虎 摄影 阮传菊

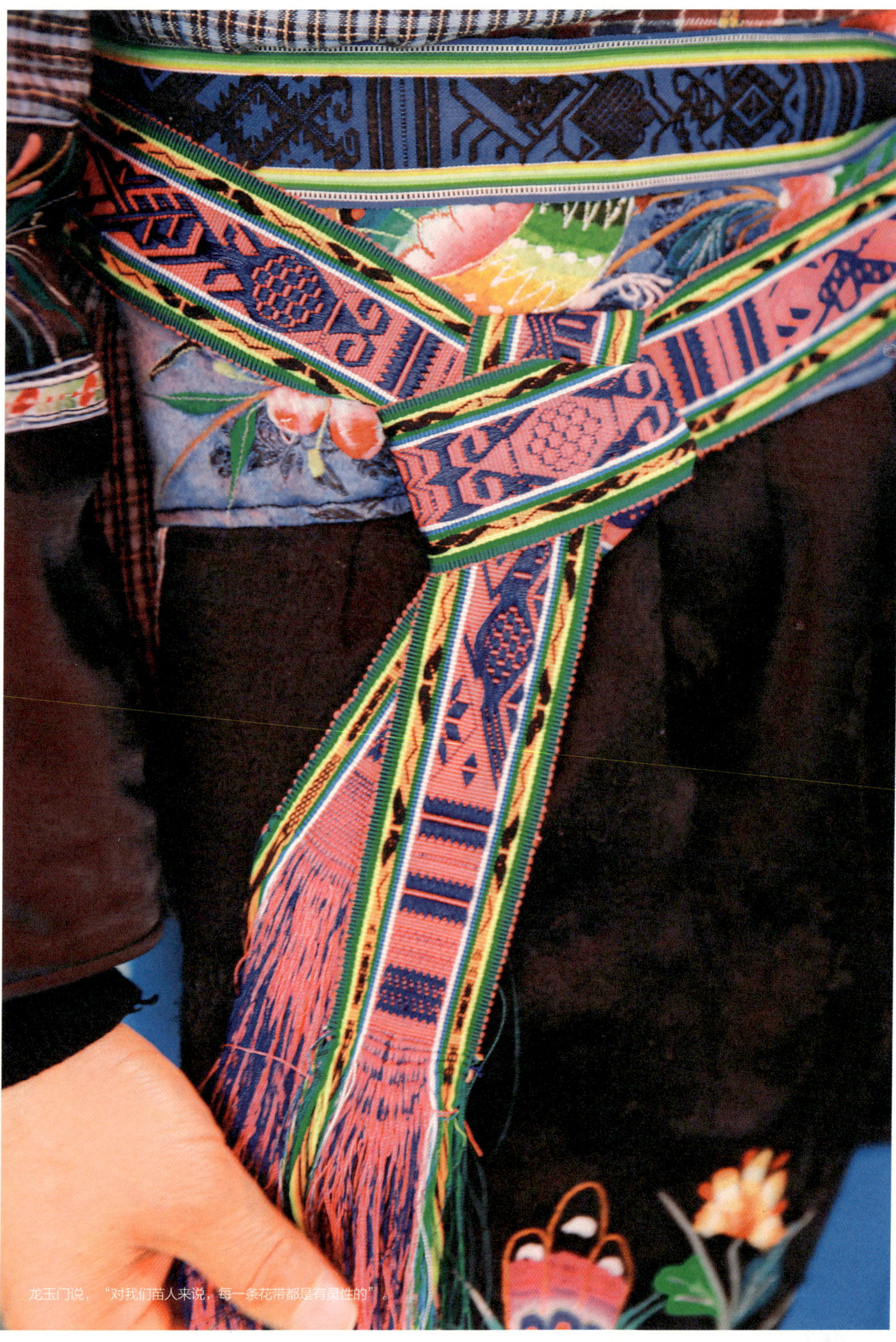
龙玉门说，“对我们苗人来说，每一条花带都是有灵性的”。

每天上午9点，苗女龙玉门就背着竹背篓出门。她穿过凤凰古城熙来攘往的虹桥，在沱江边找到一块三四平方米见方的空地，卸下背篓，掀开盖在背篓上的花盖头，把背篓上的竹晒框一字排开：苗绣荷包，手工土布，织锦手链……狭窄的空地立马就变成了袖珍的苗家集市。背篓中的货还没摆完，她身边已经聚满了拿着“长枪短炮”的游客。她完全无视相机镜头的存在，坐在马扎上自顾自地织着苗族花带。她便是有“沱江织女”和“凤凰西施”之称的苗族花带艺人龙玉门。

“沱江织女”的美丽与哀愁

行走在沱江边，总会看到着红装、戴苗银的苗女造型。但是在虹桥边，却有一位姑娘和其他“苗女”打扮得不太一样。她着一身素雅的青布衣，头戴布条缠绕的高帽，静坐在马扎之上，脚下的织机吱吱作响，手上的梭子彩线飞舞间，一条条彩带就成形了。

有游客对这彩带来了兴趣，拿起来询问价格，但是听到苗女的报价后就摇摇头走开了。“扮个苗女就来卖花带了，机织的还卖这么贵，关键是扮苗女还这么不专业！”被报价吓走的游客开始抱怨，而且还把嗓门提得老高试图观察苗女的反应。但是苗女的脸却如平静的湖水一般波澜不惊，继续脚踩织机，手穿梭线。

我走上前去，仔细观察了花带上的花纹。这是苗族传统的龙纹，花带上还有一个手工织出的“龙”字标记。

“你织的是正宗的苗家花带，穿的也是最地道的湘西苗装，而那些穿红衣、戴牛角扮苗族拍照的姑娘，却是贵州苗家的装扮，你为什么不反驳呢？”我指着那些在沱江边的“苗女”询问眼前织花带的苗女。这时，苗女才在我的请求下，放下手上的梭线，开始讲述自己的故事。

龙玉门出生在武陵山脉腹地一个名叫岜人寨的村庄。岜人寨是一个闭塞的村庄，闭塞得不与汉人交往，甚至和其他苗族也很少有来往。因为闭塞，岜人寨支系的苗人连风俗都和其他支系有细微差别。但是，对于苗人来说，所有的苗族支系，苗男苗女们有两件传统都是一样的：男人打苗银，女人织花带。

苗族男人打苗银的传统，已经随着精美的苗族银饰而为世人所熟知。但苗族女人织花带的传统，却鲜有人知。

“其实，对于苗人来说，女人织花带比男人打苗银要普遍得多。因为银饰对于苗人来说，是节假日才佩戴的首饰，而花带就不同了，它可以做首饰，更多的是生活必需品。”龙玉门说着从架子上抽出一根花带绑在腰间，然后打了一个结，花带就变成了一根腰带。

其实，龙玉门的命运，就是被这一根当成腰带的花带改变的。那是20多年前的一天，一位从凤凰县城来的客人到岜人寨做客。那时，龙玉门正和寨里的姐妹一起织花带打发时间。客人闲来无事，在寨子里四处逛，被龙玉门和她织的花带吸引，以研究花带之名伺机接近。临行前，客人向龙玉门讨了一条花带做纪念品，但是花带哪是随便就能向姑娘讨的？

“花带对于苗人来说，是定情信物，在苗寨，如果哪位姑娘有了中意的男子，就会以花带相送。如果男子接受了花带，把它缠在腰间，还露出花带头，就表示自己也对女孩心有所属。露出花带头，表示的是自己已经

‘名草有主’的意思！”龙玉门说着，偷偷地笑了。

20多年前，那位来邕人寨的客人向龙玉门讨了花带之后，就立马缠在腰上，露出了花带头。客人再次上山来时，就带来了聘礼。第二年，龙玉门就戴上苗银头饰、缠上花带，嫁到了凤凰县城。

“小时候织花带时觉得特别无聊，就希望能够在长大后走出大山，就不用织花带了。但是真的走到山外面后，想家的时候就不由自主地开始织花带，现在竟然把织花带变成自己的职业了！”龙玉门开始自嘲了，因为在邕人寨，织花带是所有女人的基本素养，母女相传，姐妹相授，所有织的花带，都是自己家用。幼时，织花带是人生必修课；情窦初开时，有了心上人，将亲手所织花带赠之，花带就变成了爱情信物；为人母后，花带就变成了背孩子的背带……对于苗女来说，每一条花带都是有灵性的，它会随着苗女的成长而蜕变，见证着苗女们的美丽与哀愁。

花带上流逝的花样年华

沱江边游客太多，再加上龙玉门织花带的造型太拉风，太多的干扰让她无法静心织精致的花样，我们也无法随心所欲地拍摄，遂决定第二天再约。

第二天约的地点在民俗园边的集贸市场，这是地道的凤凰人才会光顾的地方。如果说沱江边的凤凰是为了满足游客需求而化了浓妆拍电影的演员，那么民俗园边的集贸市场就是为了接地气而素颜的乡村文艺会演。

我们穿过菜市场来到民俗园边的集贸市场。这里是一处半露天的市场，用塑料棚支起简陋的房间后，商户们就把自己的商品摆在一个个隔间一般的房间中出售。市场中的商户要比虹桥多得多，卖臭豆腐的，卖血粑的，打姜糖的，打苗银的，凤凰你所有能想象得到的商品，在这儿都能找到。这里商品如此齐全，却并不像虹桥那般熙来攘往。整个市场卖东西的人比买东西的要多得多。

我用眼光扫了一下市场，很失望，因为并没有看见龙玉门和她的花带摊。我原以为她那着苗服刺绣的外形会在市场中鹤立鸡群，扫描的结果却是，一眼望去就发现六七个穿苗服摆摊的苗女。这让我不得不光顾一个个的摊位来排查。

看到有人走近，着苗服的摊主就从房间里迎出来。但我也只远远看到她们的身影，就将其排除掉了。因为龙玉门博得“凤凰西施”的名号，不光凭俊美的外貌，还有她那高挑的身材。而眼前的这些，却都是佝偻的老者。她们一个个也都坐着马扎织着花带，但总是勾不起人的想象空间。

龙玉门织的花带虽然精美，但是远上升不到艺术的层面；龙玉门外貌虽美，却较那些在沱江边着苗装的模特还有距离。集贸市场上，着苗装摆摊的苗女不计其数，为何只有龙玉门博得“凤凰西施”的名号？只因在凤凰这苗族聚居区，着苗装的风俗只在老妇们身上还保存着，而龙玉门是凤凰古城少有的着苗装、会苗工的年轻苗女。

终于在一个角落寻到龙玉门。她的摊位没有在塑料房中，而是在一把太阳伞底下。与在沱江边被围得水泄不通的摊位截然相反，她的摊位前和集贸市场其他摊位一样门可罗雀。其他摊主都站在摊位前吆喝着招徕客人，唯有龙玉门静静地坐在马扎前织花带。每织完一条，龙玉门就把它放在太阳伞旁边

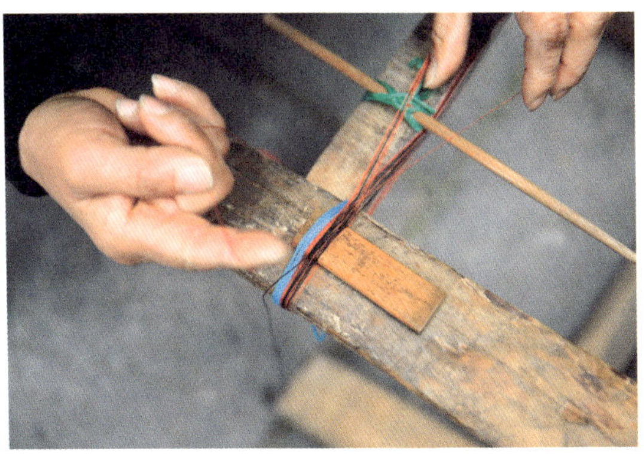

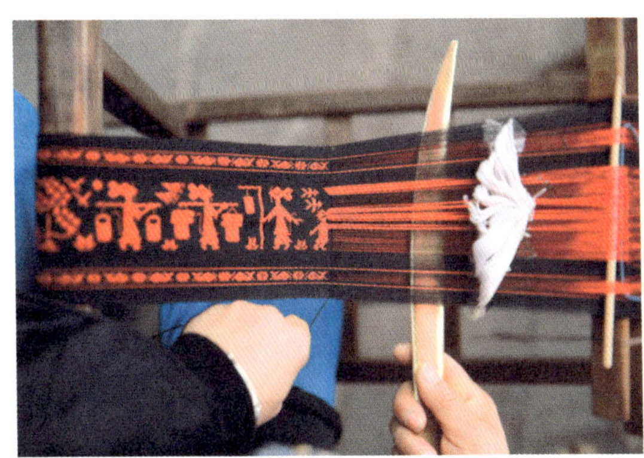

县城织花带的人少，没有特制的工具木架，龙玉门就用椅子代替了。理出经纬线，根据图案排好蓬数，“带镰子”开始来回穿梭，花带的图案便跃然眼前。

的绳子上挂起，久而久之，她背后的花带就变成了一道五颜六色的“彩虹墙”。

相较于在沱江边的摊位前作秀，龙玉门更喜欢待在集贸市场。因为在这里，她只是一位普通的苗家织女，没有游客叫她“凤凰西施”，也没有人让她配合着摆造型。她只需要安静地织着心爱的花带。每条花带都是纯手工的，价格高得让人望而却步。也因为如此，她织的花带才能日积月累形成“彩虹墙”。

“一条花带，短则一星期，长则一个月。你说我这花带墙织了多久！”当我惊叹于花带墙的美丽，并为龙玉门为何要织这么多叫好不叫座的花带感到疑惑时，她只是嫣然一笑，又低头开始织她的花带。龙玉门说，虽然凤凰县城距离自己成长的苗寨只有一百多里远，但是山高路远，自己一年也回不了两趟。还好，有花带相伴。嫁到凤凰已经有20多年，但是只要一织起花带，她的心绪就会立马飞回大山深处的苗寨。

这道由花带组成的彩虹墙，便是龙玉门流逝的韶华时光。

从必修课到传承者

听说我们要拍摄苗族花带的全套工艺，龙玉门起身收起马扎，准备关了摊位。

“反正一天也卖不出两件东西，但是你们拍工艺就不一样了，我摆摊这么久，要我摆造型照相的多，但是从来没有人提出要把这工艺拍全了。看来你们是真喜欢，那我作为苗族花带的传承人，有义务给你们展示一遍！”说着龙玉门真的把才开张不到一个小时的摊位收了。

她先把“彩虹墙”上的花带都取下来，卷好，放进竹背篓最底下，背篓里的空间就被花带塞满。接着，她双手扶起一个个竹晒框，连晒框带货一起叠加在背篓上。原本只有六七十厘米高的背篓加上四五个晒框后变成了一米多高。所有晒框都放好后，龙玉门在上面蒙上一张带红双喜的床单，一只手拿了马扎，背起装满货物的竹背篓大步流星地往家走。

龙玉门家住在凤凰古城一条僻静的小巷子中。到家后，龙玉门把背篓放好，一手拎着一把椅子，把两把椅子侧放在门前的空地上。

“织花带的材料分为棉线、丝线两种，它们分别是花带的经纬线，而花带就是用通经断纬的方法来织的。所以，织花带最初的工序，便是理出经纬线。”龙玉门说着，便把两滚线分别绕在两只椅子脚上，开始固定经纬线。在苗寨中，固定经纬线需要特制的木架。但是龙玉门嫁到凤凰后，因为县城织花带的人少，没有特制的工具，她就用椅子代替了。

“根据要织的图案，让中间花纹丝线的蓬数按奇数排列组合，花带的宽窄由蓬数决定。一般的花带有二十一蓬，最多可达百蓬。”龙玉门边固定经线边讲解。待经线全部固定后，她取出一根如西瓜刀一般的铜片。这铜片名为带镰子，其作用是在织花带时挑数纬线并来回编织打牢。每一条花带上千变万化的图案，就是用这细细的带镰子一经一纬数出来的。

“打花带的打带架与带镰子，对我们苗家人来说，就像吃饭的锅与锅铲一样。只不过有钱人家的带镰子会用银子、牛骨来做，而穷人家的带镰子只能用竹片。我用的这把带镰

严密的纹路，精细的图案，这样一条精美的花带，制作时间短则一个星期，长则需要一个月。苗族花带陪伴着苗女，也记载着她们的人生。

子却是我外婆年轻时用黄铜打造的。外婆在我母亲出嫁时，把这带镰子传给了我母亲，而我母亲又在我出嫁时把带镰子传给了我！”说完，龙玉门拿起铜带镰，挑起纬线在经线间穿梭。龙玉门说铜带镰如锅铲，还真有几分相似。她拿着铜带镰打花带时的场景，就如同厨师拿着锅铲炒菜。

龙玉门说，苗人说苗族花带起源于一个美丽的传说。苗人多生活在深山之中，经常受毒蛇侵害。有苗族姑娘受毒蛇不伤同类启发，用五颜六色的丝线织成如毒蛇一般大小的花带。苗人把花带拿在手中，毒蛇以为是同类便不来伤害了。

“专家说苗族花带起源的传说，与《汉书》上记载的南蛮‘断发文身，以示与龙蛇同类，免其伤害’的说法吻合。看来，苗族花带不仅仅是苗家女孩的女红这么简单，应该还是整个苗族历史的见证。”龙玉门站在自家门口，手捧着花带，在演示完花带制作工艺后，开始向我们讲述花带和苗族的渊源。

龙玉门走出大山20年后，已经从一个业余织花带打发时间的苗家姑娘，变成了苗族花带非物质文化遗产传承人。如果在绣花带时向游客传达花带是苗族历史见证的责任太重大，那就让花带成为苗女自己花样年华的花样证物吧。

苗银，穿在身上的苗族符号

物

撰文 雷虎 摄影 阮传菊 等

提到苗族，每个人眼前都会立刻浮现出一幅景象：美丽的苗族姑娘着盛装款款走来，别在五彩苗服上的银饰叮叮作响。华贵的银饰反射着太阳的光亮，让光彩夺目的苗女宛如鲜花盛放。

在众人眼中，苗族是个美丽而神秘的民族，而民众对于苗族的第一印象，则来源于那些佩戴在苗女身上的银饰。以往，在苗人生活中，苗银集巫术的神秘和货币的实用为一体。而如今，苗银则已经变成苗族最重要的文化载体，变成穿戴在身上的苗族文化符号。在新时期，苗银已经自我调整，找到了新的自我定位。而那些曾经是苗寨标配的苗银银匠呢？在机械化和城镇化双重围剿下，该何去何从？

消失的苗寨和隐身的银匠

行走在凤凰古城街头，看着那些顶着苗族银饰扮苗女的姑娘，同行的摄影师也“沦陷”了。虽说明知道沱江边出租的苗服和苗银风格属于贵系苗族，但是依然租来扮成苗女。

“为什么凤凰本地的苗服和苗银都是现成的，凤凰人却舍近求远用贵州苗饰来充数？”带着这个问题，我们坐上了乡村巴士，前往凤凰县城19公里外的山江镇寻找答案，因为山江镇是凤凰最大的两处苗族聚居地之一（另一处为腊尔山镇）。这里是湘西末代苗王龙云飞的发迹地，有集苗族民居之精华的“苗王府”。更重要的是，这里藏着湘西苗银世家麻氏家族的传人——国家非物质文化遗产苗银项目传承人麻茂庭。

车出凤凰县城后就一直在山里蜿蜒，随着时间的推进，路两旁的“苗味”渐浓：路边的村寨渐渐出现了青砖灰瓦的老屋，坐在屋门口晒太阳的老妇着苗衣的比例也越来越高……

没想到距离商业味如此之浓的凤凰县城如此之近，这些苗家村寨还能如此淡定地保持着苗家风范，这让我对目的地山江镇充满了遐想。

车辆在一个小镇的岔路口停下，车上的人全部下车了，我却不肯走，直到司机提醒我山江镇到了，才不情愿地收拾行李下来。这里

长久以来，银饰都是苗族首饰和婚嫁用品。姑娘出嫁，像这样精美的头饰、披肩，是最好的陪嫁。

麻茂庭在自家作坊里打制银器。苗银既是装饰品，也是一种苗族人家用来储备财产的形式。

与我心中想象的“凤凰最后的苗寨”相去太远了。眼前的景象与汉地的小镇没有任何区别。我不甘心，沿着两条路溯源，并心存幻想：山江镇肯定还有老街区在前方等着我。但我的希望再一次破灭，沿着路甚至走出山江镇了，路两边的景象依然和之前一样——虽然这里是湘西最大的苗族聚居地，99.9%的居民都是苗族，但是苗寨消失了。唯一让我感觉有一丝苗味的，是我看到唯一一家苗银店——“麻茂庭苗银铺”。但是银铺已经关门，从里面的陈设来看，这银铺已经很久没有开张。

看到关门已久的麻氏银铺，摄影师慌了：“那打苗银的银匠不会已经不干了吧？”带着同样的疑问，我拨通了银匠麻茂庭的电话。麻茂庭的回答让我悬着的心落了地：“我正在打银，没空去接你，你自己过来吧。下车后你看到旁边有个小巷，穿过小巷隔着稻田看到山坡上的苗家就是我家了。”

我在麻茂庭的指引下穿过狭窄的小巷。小巷并不悠长，行过十几米就到了尽头。小巷的尽头是一片新月形的稻田。深秋，水稻早已收割完，不知谁在稻田的一角堆上了水泥砖。稻田的尽头是一座矮山，有几栋青砖灰瓦的苗居隐藏在稀稀拉拉的树丛中——这儿便是银匠麻茂庭的藏身地了。

手艺家族和苗家村寨

从田埂边上的水泥路绕到矮山边上，矮山上的民居倒还有几分山寨气象：沿着山脚用石块砌起高墙，几户民居就立在石墙之上。石墙只留有一条石阶上山，石阶旁边有一不知名的古树，古树下坐着一位着苗服的佝偻老人。见到有生人走近，一条黄狗从石墙上探出头对着生人狂吠，吠过之后还觉得不过瘾，于是站在石阶上方和我们对视，颇有“一狗当关，万夫莫开”的气势。我们向老人打听麻茂庭家的地址，但是老人似乎听不懂普通话，于是我指了指老人手上的银手镯，做了个抡锤打银的模样。这时老人才回过神来，指了指山寨最靠边的那栋民宅。

我们踏上三级石阶，推开了麻茂庭家院子虚掩的门。进门后是一个别致的小院，铺了一地的枯叶，有两个小孩在院子里嬉戏，想捡起落叶往彼此头上堆。院子里有持续而有节奏的“咚咚”声回荡，想必那就是麻银匠在打银了。

我们踩着落叶，绕过小孩，跨过高高的门槛，终于进入了银匠家。这是一栋外面用砖头砌、里边用木头衬的传统苗居，和传统的徽州民宅有几分相似。打银声从房子楼梯拐角处传出，一位清瘦的老人一手拿着火钳，一手抡着铁锤正在作业，嘴上叼着的烟随着老人的呼吸一明一暗。他对面的楼梯上，一只猫正蹲在那儿，一动不动地看着老人打银，似乎老人正在打制的银器是送给它的礼物。

老人看到了我们，示意我们坐下，把手上的银器打完后，洗了把手，径直上楼拎了一个红布包下楼。老人把红布包往八仙桌上一摊开，整个屋子立马蓬荜生辉：各式各样的银戒指、手镯、头饰，一下子让这个偏远苗居变成了“四十大盗”的藏金洞。

麻茂庭说，他只是个打银匠，自己并没有什么故事可讲。如果真要讲故事，那就得从这个村庄和这些老银饰的历史说起。

麻茂庭家是湘西有名的苗银世家，麻家的苗银传到麻茂庭手上，已经是第五代了。麻家打银的历史，应该从麻茂庭爷爷的曾祖父说起。麻茂庭点燃一支烟后进入了回忆模式：“那应该是清朝中期的事情了。”

这一年，凤凰县山江镇来了一位挑着货架的游方银匠。当时，正好麻家要为即将出嫁的女儿准备嫁妆，就让银匠在自家住下了。没想到，银匠技艺精湛，为麻家打出的银饰不仅让麻家人眼前一亮，更让整个山江镇的村民垂涎。苗民纷纷效仿麻家，让银匠为将出阁的女儿打银饰嫁妆。于是，原本只准备在麻家住三个月的银匠竟然在麻家住了整整三年之久。因为麻家人对银匠非常照顾，银匠就收了麻家主人的儿子为徒，作为回报。

在为全山江镇的苗民打造了银器后，银匠继续挑着货架游方去了。而麻家人却在山江镇坚守下来，忙时务农，闲时操锤。最开始，麻家只为山江镇的苗民打制嫁妆，慢慢地，因为麻家人打制的银器精美绝伦，麻银匠的名气越来越大，周边苗寨的苗民也慕名而来，甚至有以定制银器之名来偷师的。但麻家人并不守旧，有人来学习打银，麻氏就欣然授予，久而久之，山江镇慢慢成为湘西的银器之乡。

麻家从事苗银制作的人多了，山江镇的市场容量不够大， 有的族人就迁往附近的州县。于是，山江镇麻氏银匠的名号开始在周边的泸溪、古丈、吉首、花垣、辰溪等州县流传，麻氏家族也慢慢发展成湘西地区最大的银匠流派之一。

物质故乡和精神家园

一根烟抽完，苗银家庭的历史也从清代穿越到了现代。

“这就是银匠的现在了，全镇人都住上了新楼房，但我房子还是结婚时起的木头房！”麻茂庭指了指自家的老木头房子，又指了指镇上那些新盖的小楼自嘲。以前银匠是苗寨最受人尊敬的职业，但如今，苗银艺人已经跟不上苗寨发展的节拍。

银匠们善于从苗族妇女的蜡染和刺绣纹样中汲取创作灵感，图案设计精美绝伦。这通过图中妇女的戒指、手镯、服饰配件便可见一斑，也可看出银饰是她们生活中必要的装饰。摄影_尹忠

以前，银饰是苗族居家旅行必备神器。苗族定亲，头饰、披肩再穷也先送半套，另半套过门时必须付清。20世纪90年代，山江镇汉化的苗族开始拒绝银饰做彩礼："我们已经汉化，不兴戴银了，直接送钱好了。"族人汉化很轻松，对银匠来说后果很严重：大批银匠失业，麻茂庭五兄弟，四个改行了；教徒弟十五人，十四个不沾银了。还好，麻茂庭手艺闻名乡里，虽说汉化凶猛，但山沟里还苗风稍存，他一年还能接几单生意。就在麻茂庭也扛不住，准备放弃传了三百年的祖传手艺时，旅游兴起了，非遗评选也来锦上添花，他的银匠生涯柳暗花明了。他成为全国第一批国家级苗银传承人（湖南第一个，也是全国仅有的两个之一）。升级为国家级，名气大了，订单多了，却也画地为牢了——别家可以用白铜做银器，自己的银只能是纯银。

我们提出要拍摄苗银制作工艺，麻茂庭说不急，他带我们来到矮山上的苗寨，说只有我们看懂了这个"苗风遗存"的村庄才能更好地理解苗银。

他抚摸着村庄那青石垒砌的石墙说，湘西向来多土匪，因而传统的苗寨大多依山而建，都有自己的防御工程，这石墙便是村子的"城墙"；又指着石墙上那唯一的台阶说，这便是村寨的寨门。而寨门前那棵已空心的老树，则是土匪以火攻寨时的"杰作"。

最终，麻茂庭在寨子的最高处停下了。村子的最高处是两处建筑，一处是一间已经坍塌的老屋，一处是类似烽火台的石头房。麻茂庭叼着烟和石头房相对无言。原来，这石头房子是苗寨的堡垒。而这老屋，正是麻氏银匠的祖宅。

以前，当土匪来了，村民们会把村里的贵重物品放在这堡垒中，然后在堡垒中做最后抵抗，直至救兵到来。而银匠作为寨子里贵重物品最多、威望最高的家族，他们理所当然选择了靠近堡垒的全村最安全的地方。

其实，苗族之所以有如此重的银饰情结，正是因为苗族从来都缺乏安全感，所以"安

各式各样的银饰摊开在八仙桌红布上，让这座老屋瞬间银光闪闪。摄影_李锋

全”一直是苗族人追求的方向。早期的苗族先民曾在战争中被迫迁徙到湘西、贵州、广西、云南等多山之地，这些地方毒虫、瘴气多发，因而苗族很自然地对有鉴毒功能的银情有独钟。再加上苗地多战乱，战乱起时只能挑值钱的细软逃，既能当饰品又能做传家宝的银器成了最好的选择。

参观完苗寨，我们也读懂了苗人和苗银的关系，麻茂庭这才回到自己的作坊开始了一天的工作。苗银匠人分为游方银匠和定点银匠两种。教麻家打银的银匠属于前者，麻茂庭属于后者。对于麻茂庭来说，山江镇这个名为黄茅坪的村庄，既是麻茂庭作为苗族人物质形态上的故乡，也是他作为手艺人精神意义上的家园，他无论如何也不会离开。

打银的艺人和看表演的猫

麻茂庭每天的生活都是从上午10点开始的。

他首先在熔炉中生起木炭，随着“呼呼”的拉风箱声响起，熔炉中很快就燃起青色的火焰。这时，麻茂庭从炉子上拿起一个酒盅大小的铁杯，往铁杯中倒入些许平时做银饰的边角料后，把铁杯放进木炭中。这一步叫熔银，任何一种精美的银器，都是银在烈火中熔化后锻造而成的。

熔银是个漫长的过程。麻茂庭先用火钳夹了块木炭点了根烟，然后边悠闲地抽着烟，边缓缓地拉着风箱。看到熔炉中的木炭燃起，一只黄猫鬼使神差地跳到炉上。于是一人一猫你瞪着我，我看着你，相对无言。你拉你的风箱，我烤我的炉火。

当铁杯中的碎银慢慢化成了红色的银浆时，麻茂庭从炉边的窗台上拿起一根空心的铁棍，一头含进嘴中，一头插入银浆。看到这情景，趴在炉台上的猫立即纵身一跃，跳到了熔炉边的木楼梯上。与此同时，铁匠憋足气，对着铁棍猛吹了一口。瞬间，一串串火星从熔炉中冒出，在空中四散飞舞。银浆中宛如藏着一条金鱼，一口气吐出了无数气

他拿出一根银条，开始细心地雕刻图案。布满皱纹的手指和光滑油亮的斧柄是技艺的最好见证。摄影_李锋

摄影_李锋

一块银锭要经过反复锤炼之后，才能开始雕刻。其中的工具和程序非常繁杂，即便是像他手里这样的小花，也需要一番细致功夫。

泡。其实，飞舞的每一个火星都是碎银中隐藏的杂质，这个过程叫去杂，目的是把银浆中的杂质吹走。

在连续吹了三四口气后，银浆中的杂质就被去得差不多了。这时，麻茂庭取来一个铸铁凹槽放在熔炉边，从煤油灯里往凹槽中倒入些许煤油后，用火钳夹起炉中的铁杯，把滚烫的银水倒入凹槽中。银水和槽中的煤油接触后，立马燃起熊熊的火焰。此时，猫正站在熔炉边的楼梯上，眼光炯炯地看着银匠。

当火灭后，银匠用火钳把凹槽反扣在炉台上。掀开凹槽，一根细长的银条就出现在眼前了。银匠用火钳把凹槽放在地上后，立马换左手架住银条，把银条转移到炉子边的木桩上，右手抡起一把铁锤开始敲打，每敲打一下就把银条翻个面。不知敲打了多少锤，翻过多少面，最终一尺来长的银条硬是被敲成了一根一米多长的银线。这时，锻银工序就完成了。

银匠把火钳一丢，铁锤一放，人爬上一米来高的马凳。马凳上有一排大小不一的圆孔。银匠先是把银线穿进最近的圆孔中，用一只铁钳紧紧夹住银线的一头使劲往上拉，当银线从圆孔穿出后，就从不规则的扁线变成了规则的圆线。这个过程叫拉丝，目的是把银线拉成易于加工的圆线。拉丝是分阶段进行的，先把扁线拉成圆线，再换不同直径的小孔，把粗丝拉成细丝。今天银匠要做的是银丝戒指，要求的银丝直径很细，银匠拉完大孔后换中孔，拉完中孔后换小孔，再换细孔……拉丝是个辛苦活，大冬天的居然把银匠拉得满头大汗，也把原本暗淡无光的银线拉得光彩夺目。

拉完丝就进入了苗银制作最重要的工序——吹烧。银匠先剪取了一小段银丝，用钳子把银丝卷成戒指模样后，点燃了一盏油灯，拿出一只细小的铁管，一头衔在嘴里，另一头放入油灯火焰中。与此同时，他用钳子夹住戒指放在油灯火焰前方。只见银匠深吸了一口气，让气流从细铁管中喷出。喷出的气流通过油灯火焰后，把豆大的火焰吹成了一条火舌，覆盖住了整个戒指。银匠就这样嘴衔铁管，用自身呼吸之间产生的火舌炙烤着银戒。时间整整持续了四五分钟，银匠整整吹烧了上百息，戒指终于从银变红。看到戒指变红，银匠赶紧停止吹烧，顾不得戒指滚烫，拿起镊子，夹起桌面上一朵朵细小的银花往戒指上沾。待戒指上熔化的银水粘住九朵银花后，银匠又用火钳夹起带银花的戒指，放在油灯前开始了新一轮的吹烧。又是一百次呼吸之间，银花和戒指变得通红，表皮变成部分银浆，把彼此牢牢地焊接在一起。

又经过擦洗和抛光等环节后，一枚小小的银戒才宣告完工。这时银匠又点燃了一根烟，把银戒放入手中仔细端详，仿佛那是一枚求婚时要送出的信物。感觉银戒没有瑕疵了，银匠才缓缓走到八仙桌前，把新出炉的戒指往银器堆里一放。那银戒就如一朵浪花没入海洋之中。

正在这时，麻茂庭的妻子从外面赶回来，麻茂庭立刻又从八仙桌上的银器堆里拿出刚打好的银戒递到妻子手上：“刚打好的戒指，你看合不合适！”妻子把戒指戴在手上左瞧右看后，用我们听不懂的乡音和丈夫交流了很久，听口气像是批评中夹杂着表扬。麻茂庭听后若有所失，拿着银戒指返回工作台开始回炉。不仅仅是这枚戒指，这八仙桌上满足苗家生活的各式各样的银器，要想出厂，都得经过妻子这最挑剔的质检员。在没见银匠妻子之前，我认为最美的苗银因匠人的烈火与锤打而催生。这时我才明白，妻子苛刻的眼神才是苗银诞生不可或缺的元素。

银匠妻子在山江镇中学食堂上班，中午给孩子们烧完午饭后才抽空回来。我以为她是回来给银匠做午饭的，后来才知道，麻家三百年来就没有吃午饭的传统——打银有很强的连续性，为了不耽误工作，银匠们自作主张，把一家人的午饭都给省了。

银匠妻子回家的目的是告诉麻茂庭，有人需要盖新房子，需要水泥砖。她是回来催麻茂庭把手上的银器活停一下，去生产水泥砖的。如今银器生意不好做，麻茂庭不得不另谋出路，他在自己家门口弄了个建材厂——原来进小巷后，那放在新月形稻田中有碍观瞻的水泥块是银匠家的。我该如何给眼前的这位定位呢？银匠还是工头？

其实，麻茂庭的举动并不出格，他遵循了自古以来苗族银匠的传统——历史上从来就没有职业的苗族银匠，所有的银匠都是在农忙时封炉，农闲时开锤。但不同的是，古时银匠开锤，是因为苗银是苗家穿在身上的符号，而银匠是用铁锤记录历史；如今银匠封炉，只因苗银作为一种文化符号消失的步伐迈得太快，年迈的银匠一时半会儿转变不过角色来。

苗饰讲究以大为美、以重为美、以多为美。麻茂廷给我们展示的这件精心捶打出来的繁复的披肩，正是他的欢欣之作，也能从中读出银匠的精湛技艺和长长久久的耐心。

通道芦笙
『我有嘉宾，鼓瑟吹笙』

物

撰文 雷虎 摄影 阮传菊 等

那一晚，我在湘、黔、桂交界的三省坡脚下一个名为上岩坪的侗寨，和芦笙艺人杨枝光促膝长谈。

那一晚，被他家的跳蚤叮得睡不着，只能起来看他制芦笙解闷。

寻声而去 芦笙偶遇

芦笙本不在我们“湘西寻艺”的计划中。我们坐着绿皮车在雪峰山诸峰中穿来钻去，终于来到湖南通道县牙屯堡镇。本来，我们准备在牙屯堡镇下面的侗寨寻找会织侗锦的姑娘，但不巧，相邻的侗寨正在举办婚礼，于是这侗寨全寨出动到邻寨吃喜酒了。侗寨和我们玩起了“空城计”。无奈，我只能和摄影师坐在进侗寨的风雨桥上，看着桥上飘扬的侗锦发呆。

正当待得百无聊赖时，一声声雄浑而高远的声响沿河道逆流而上，轻易就俘获了我们的心。我寻声而动，夺路狂奔。但是还未等我找到声源地，音乐就断了。我只看到前方一个个穿侗衣的大妈有说有笑朝我走来，她们是吃完喜酒回村的侗民。我就像土匪一般把侗族大妈们堵在风雨桥上：要想此路过，告知此声是何声，制声乐者何人！

此声为芦笙，制芦笙者，是湘、黔、桂边界三省坡山脚下上岩坪寨芦笙世家硕果仅存的老艺人杨枝光。

上岩坪寨不通公共汽车，据说每星期上岩坪寨的村长会开着自家的小面包车到牙屯堡镇一次。很不巧，我们没有遇到村长家的面包车下山。于是咬了咬牙，包了一辆小面，求司机载我们进山（牙屯堡镇距上岩坪寨虽然只有30多里路，却全程上坡，再加上山上修路，一般司机不敢走）。

牙屯堡镇还是一个汉侗混居的小镇，但是进山后就是一路侗寨了。每个侗寨，远观，总能看到高耸的鼓楼屹立在层叠的黑色屋顶上；走近，必定有一座雄伟的风雨桥在村口迎接。在路上碰到一位穿着入时、也要进山的姑娘，得知我们要去上岩坪寨后，很惊奇，问我们是不是去侗寨支教的大学生。得知我们去侗寨是为了寻访芦笙艺人后，立刻掏出手机让我们记了上岩坪寨小学校长的电话：“上岩坪寨没有旅馆，而侗民家的居住条件太差，实

早在《诗经·小雅·鹿鸣》中就有“我有嘉宾，鼓瑟吹笙”的诗句。芦笙在侗族人生活中的每一个部分——婚丧嫁娶、节庆乔迁，都从不缺席，一吹一跳才能尽展芦笙的魅力。芦笙表演最少需要三个人吹，才能听到音效，最少十个人跳才能感受到气势。摄影_尹忠在没地方去，可以找杨校长收留。”

又见到一座风雨桥时，车停下了，姑娘和我们挥手告别，因为这侗寨就是她家乡。姑娘再一次叮嘱我们到了上岩坪寨一定要找杨校长，但还是不放心，自己先和杨校长打了一通电话说明，又把自己的电话留给我们才离开。这侗家女虽然已经完全汉化，但古道热肠的劲儿依然很侗乡。

30里山路，面包车颠簸了两个多小时，终于在天快黑时看到了上岩坪寨的风雨桥。司机把车开进风雨桥后，在第一家居民楼前停下，向一位着侗装的大妈打听杨枝光。我挥手示意让司机别问：“你听，芦笙的声音！”雄浑而高远的声音正从眼前的居民楼里传出。

“枝光，有人找！”侗族大妈往楼里一声吼，芦笙声停了，十几秒后，一位穿黄军装的老年人出来了，手上拿着一只水烟一般的竹筒——眼前的两位便是杨枝光夫妇，而杨枝光手上拿的便是芦笙。

天光已暗，已经拍不了工艺，于是我请杨枝光带着我们逛一下侗寨。岩坪寨由上下岩坪组成，有3 000多人口，是规模最大的侗寨之一。

“你看山坡上那一片黑色的屋顶，那便是老寨所在地。以前整个寨子的人都聚集在那里。直到最近几年，外出打工的人多了，挣到钱了，于是很多人开始在这四周建房。我家的房子也是最近几年才建的。”杨枝光说着，骄傲地回望了一下自己家的三层阁楼。

山坡上的侗族木屋沿山势而起，层层叠叠，就像山腰上一团化不开的黑云。天慢慢黑下来，山体看不见了，“黑云”间慢慢开始亮起点点的灯火。于是这团“黑云”便开始从山腰流动到苍穹之下。而那些灯火，便成为了穹顶上的星星——才十几分钟，人间和天上两种场景就自由切换了。

围炉夜话 甘苦侗家

天黑后，我们才意识到自己住的地方还没搞定。这时杨枝光哈哈大笑：“来坪坦了当然得住我家了，我家房子有整整三层呢！”杨枝光带领我们参观他家的“豪宅”。一楼是他的工作室，两间宽敞的房间，靠外的一间摆满了长短不一的芦笙，这是他已经完工等着买家取货的作品。靠里的一间堆满了粗细不均的竹筒，那是做芦笙的原材料。这些简陋的竹子，经过艺人之手后就变幻出了美妙的丝竹之声！

二楼是和工作间一样宽敞的客厅。客厅最显眼的地方挂满了奖状，那是杨枝光多年来吹芦笙“吹”出来的名声。有的是湖南省级的大奖，也有的是村级芦笙节上折桂。从获奖的经历大致可以看出，杨枝光的活动范围主要在湖南的通道、广西的三江、贵州的从江和黎平四州县。想必因这四州县的居民大多是苗、瑶、侗族民众，芦笙为三族最核心的乐器。再加上这四地山高路远，因而吹芦笙之风得以保存。

秋日山中夜微冷，杨枝光把我们引到厨房前，一伙人围着火炉坐定后，芦笙艺人摆好架势开始口述历史。

侗族是一个极富音乐天赋的民族，侗族大歌和芦笙便是侗族最重要的两项音乐活动。坪坦村是远近闻名的侗族大寨。虽然唱侗族大歌的历史早已经不存，但是吹芦笙的传统却保存完好。对侗族小伙子来说，吹芦笙不仅仅是民族大计，更是“老婆本”：侗族是一个以音乐为媒的民族。以前没有电视时，全村人的娱乐活动便是聚集在村子中央的鼓楼里，大家围绕着篝火，各忙各的事情：老年人讲着侗家人的历史和村寨的掌故，妇女就着火光刺绣，女孩子聚集在一起练歌，小伙子们则咿咿呀呀地练芦笙。吹芦笙是极富技巧的，侗家男孩从能把芦笙吹响到能吹出情歌，通常需要七八年时间。侗家男孩一般八九岁就开始学吹芦笙，待到精通后，就到了情窦初开的年龄。

侗族男女恋爱有个规矩：小伙子有了心仪的姑娘，就在月夜提着芦笙到姑娘的闺窗下吹情歌。而姑娘则看不到小伙子的庐山真面目，只能依据芦笙“闻声挑郎君”。如果姑娘觉得谁的芦笙吹得好，爱笙及人，那就推开窗户用歌声回应。大家都不说话，缘分尽在“笙来歌往”中。

“少不学芦笙，老没老婆疼”是老年人的口头禅，杨枝光就是被这话吓得去学芦笙的。杨枝光积累“老婆本”的时间特别早，7岁那年，别的小朋友还在玩过家家时，杨枝光就坐在鼓楼的篝火旁跟着抽水烟的老爷爷开始学吹芦笙了。

“实际上，听老年人的话总没错的，我18岁那年，就凭着这一管芦笙俘获了她的芳心！”杨枝光坐在炉火前，摆好手势吹响了芦笙。这时，我才发现这芦笙和我第一次听到的不太一样：上一次是雄浑高远，这一次却情意绵绵。

杨枝光在火炉边吹芦笙，大妈在炉火上炒菜。两个人就像年轻时对歌一样不说话，只以芦笙为媒。杨枝光年仅三岁的孙子看爷爷吹得起劲，也凑到火炉边要抢爷爷的芦笙。

“你要抢我的芦笙做什么呢？现在要存老婆本也太早了吧！再说了，现在已经不流行吹芦笙娶老婆了，大家发发短信、打打电话就把恋爱谈成了。”杨枝光开始拿孙子打趣。但话说归说，看到孙子对芦笙钟情，杨枝光也无比欣喜。传情的芦笙太大，孙儿拿不动，杨枝光就从火炉边的竹篮中拿出一只短笛。

杨枝光有两个儿子，大儿子在外打工，小儿子在当兵。这孩子是大儿子的次子。

“他哥哥在家里住到七岁后，他爸妈才回来把他接到广东去上小学。他已经三岁了。他爸妈在他四个月后就走了，再也没回来，下一次回来，可能是他要上小学时吧！”杨枝光边抚摸着孙子的头，边教他学笛子。芦笙要学好，起码要六七年。

“这么短的时间，他定学不好，能学多少是多少吧！”笙声、笛声、炒菜声，交织成风情浓郁的侗乡奏鸣曲。

有缘者传道 愿学者皆授

晚上睡在杨枝光家的客房。客房久无人居，变成了跳蚤天堂，拂晓时分我再也忍不住了，起床和跳蚤大战，却听到芦笙若隐若现。仔细辨别才发现，声音从一楼传来。

我披衣下楼。一楼房门虚掩，透过缝隙，依稀可见房内有火光闪烁。原来杨枝光正点燃了一堆柴火，边烤火边给芦笙调音。

以往，芦笙艺人是侗寨里最受人尊敬的职业。这个职业世代相传，从不外传。

杨枝光学芦笙是在1974年，向亲叔叔杨保贵拜的师。“在‘文革’时期，芦笙是不允许吹，不允许做的，就连鼓楼都是腐朽的代表。我们坪坦村曾经有一座高耸入云的鼓楼，几十里外都能看到，但是因为太招摇，被削平了。

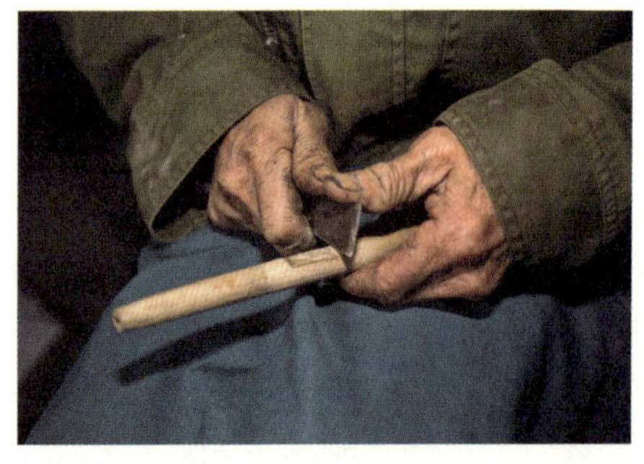

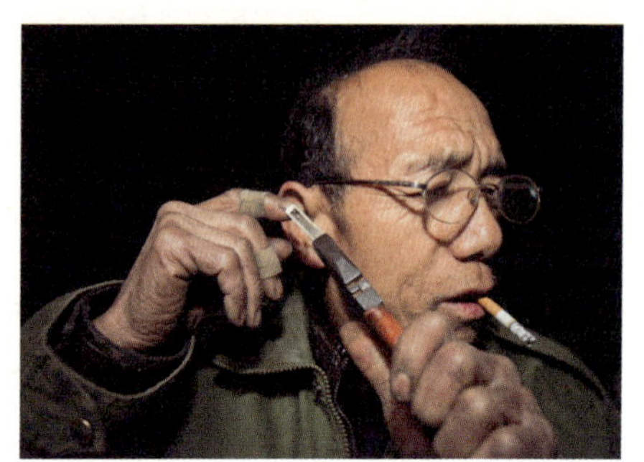

芦笙由笙斗、笙管、共鸣筒、簧屯、箍等部件组成。制作一把芦笙，要经过选材、做笙斗、做共鸣筒、安簧片、点铅、校音等工序。

我学艺时是‘文革’晚期，政策松动了，我叔叔就把祖传的手艺传给我了。”

芦笙如今只在苗、侗、瑶等几个少数民族间流传。尤其是侗族，甚至把芦笙和鼓楼、风雨桥一起并列为民族的标志。

“别以为芦笙对侗族来讲只是一门简单的竹制吹管乐，制作芦笙门道多着呢！”杨枝光拿起一只芦笙，先给我解剖它的构造。芦笙由笙斗、笙管、共鸣筒、簧屯、箍等部件组成。笙斗是木制呈葫芦瓜状构件，中空，是芦笙的声腔。笙管是插入笙斗中的长竹竿。共鸣筒则是连在笙管上的大竹筒，用来放大声音……

杨枝光讲得唾沫横飞，我听得如坠云雾。所以杨枝光决定让我见识一下一把芦笙的诞生。

杨枝光起身出门，指着家门口稻田对岸山崖上的几栋木楼说，他真正的芦笙作坊在那儿。原来，杨枝光近年来做芦笙的名气越来越大，他一个人已经忙不过来，于是决定和徒弟一起流水作业。徒弟负责芦笙零部件的制作，他则负责安装和调音。

我们准备出门时，杨枝光的孙子追了出来。“正好你也学学，爷爷的手艺，你爸不肯学，就传给你啰！”杨枝光背起孙子，穿过田埂，沿着蜿蜒的山路抵达徒弟家。徒弟家住的是最传统的侗式二层木屋。二楼住人，徒弟的作坊设在一楼。同时在一楼的，还有猪圈和鸡舍。

自古以来，芦笙的制作工艺都遵循祖传，不许外传的。传到杨枝光这一代时，他已经把芦笙制作技艺发扬到极致，成为全国唯一的芦笙制作国家级传承人。无奈自己的两个儿子都不肯学。杨枝光只好在村里找了一位同姓族人做徒弟。

制芦笙的材料一般就地取材，开春前进山，

芦笙是侗族最重要的乐器。它并没有蕴藏什么深邃的科学奥秘，却是侗家人的精神寄托，杨枝光尽心竭力守护的不仅仅是这一门手艺，也是这个民族的一种共同记忆。

选择皮薄、节长的“芦笙竹”，在每年农历十月以后至次年开春前采回，晾干。做笙斗、做共鸣筒都简单，只需把竹子按一定的比例锯成段，然后将里边的竹节打通即可。

制芦笙最难的是做笙斗和簧片

笙斗是芦笙的心脏。首先要选择一整块木质稍硬的木材加工成葫芦斗，然后把木材劈开，掏空葫芦斗内壁后，用两段以竹青编好的箍把空葫芦斗重新箍紧。接着，用电钻在斗壁上开若干出气孔。

“孔开好后，把笙管分两排呈60～80度角插入笙斗，每根竹管均在接近笙斗处开一个音孔，再以篾片或麻线捆束。这样，芦笙就成型了。”杨枝光现场装完一把芦笙后，让徒弟背着芦笙，自己背着孙子，又往自己家里走。因为在这儿，只完成了体力活。制芦笙的几个关键技术活——安簧片、点铅、校音等工序，还得自己上。

杨枝光从工具箱里翻出一只薄薄的铜片，先是凑近看了看，中指轻弹铜片后，把铜片放到耳朵边听。似乎觉得声音不太悦耳，于是把铜片放在砧上，用铁锤敲打，再看，再弹，再听……动作重复四五遍后，总算满意了。

他这才把铜片在蜡烛上烘烤发热，抹上松香，粘在笙管底端开口处。装入簧片，芦笙才算安装完。

为生活而作到为表演而作

芦笙是侗族最重要的乐器。在侗族人生活中的每一个部分——婚丧嫁娶，节庆乔迁，从不缺席。以至于稍微有点规模的侗寨，都得修建专门的“芦笙台”。

“以前每个寨子里都有芦笙队，每年正月和秋收，各个村子的芦笙队都走村串寨打擂台。侗人称之‘为夜’。为夜是侗人集中交际的机会：村子之间通过为夜比拼实力，小伙子通过为夜施展个人魅力，姑娘通过为夜来挑选郎君……每次为夜都是寨子的全民活动，每次为夜时，侗人都情绪高昂……”把手上的芦笙调好音后，杨枝光来了兴致，一口气吹了三支为夜时的曲子，分别是芦笙队路过邻寨要吹的“过路曲”，到了目的地吹的“进寨曲”，打擂台时主队吹的“踩堂曲”。

吹完后，杨枝光突然默不作声了，因为这与杨枝光记忆中的场景有点不一样。在杨枝光的记忆中，芦笙不是用来吹的，而是用来跳的。跳芦笙是一项由声音牵引的全身运动，而且是一项集体舞蹈。芦笙最少得三人吹才能听到音效，跳芦笙最少得十人才能看到场面。人越多越好，如果有十几支芦笙队同时争鸣，那场景就会气壮山河。

杨枝光描述的跳芦笙场景让我心向往之，因此强烈要求杨枝光穿上侗家盛装表演跳芦笙。没想到贵为芦笙制作国家级非物质遗产传承人、以跳芦笙获奖无数的杨枝光却扭捏起来。

先是死活不肯穿侗装，因为坪坦村虽然还保留着侗装的习俗，但是只有老年妇女才会这样做，侗家男人不穿侗装已经很多年。

好不容易哄杨枝光穿上侗衣，想让他到村口的风雨桥上跳芦笙。但是杨枝光要么只是呆呆地抱着芦笙不肯吹，要么只摆着跳芦笙的姿态。询问原因，杨枝光的回复让我啼笑皆非：“只有在正月初三村里办芦笙节时，我们才会穿成这样去表演跳芦笙。在没有游客时吹笙唱歌，村民们会笑话的！”

看到我们失望的表情，杨枝光似乎觉得过意不去。把我们引到他家房子后面一个隐僻的角落，给我们跳了一曲踩堂曲。

芦笙音乐的原味和杨枝光造型的地道让我们对曾经斗芦笙的场景产生无限遐想。我们觉得有必要到山坡上那层叠的瓦片如黑云一般的老侗寨走一遭。

在去老侗寨的路上，我们发现一个现象：很多新侗屋一栋栋从田间长起。之所以称之为新侗屋，是因为老式的侗屋皆是沿山而建的纯木质结构，而这些房屋都长在平坦的田间，屋下面的一层用红砖砌成，上面一层象征性保存了些许传统的木质造型。这结构让我觉得似曾相识，回头一看，原来杨枝光家的房子就是这样的。

我们边走边问，终于找到坪坦村的芦笙台。这芦笙台造型就和汉地古镇中的老戏台一模一样。想必在往日，芦笙台一直是村里举办集体活动的场所。但这芦笙台荒废已久，有人甚至在上面堆满了砖瓦和水泥。我暗自祈祷，希望这砖瓦和水泥不是为拆除芦笙台准备的。

又经多方打听，终于找到了杨枝光口中那个曾经高耸入云，后来在“文革”中被拦腰砍去的鼓楼。老鼓楼依然在使用，从它庞大的占地面积依稀能想象其往日的雄伟。鼓楼中与时俱进地接入了电灯，放进了电视，已经成了寨子里的老年人活动中心。电视没开，灯也没亮，只有一位老人打着瞌睡吸着水烟烤着火。

“少不学芦笙，老没老婆疼！”看到这场景，我突然记起杨枝光的长辈骗他学芦笙时说的话。可惜，鼓楼里已经没有一个年轻人。

侗寨中曾经高耸如云的鼓楼，已经与时俱进地接入了电灯，放进了电视，成了寨子里的老年人活动中心。然而传统的生活习惯在逐渐消失之时，新的事物也还没有完全地融入当下的生活，芦笙不再常常响起，电器尚未完全发挥出它们的作用。在阴冷的冬天里，只有火塘和水烟是恒久不变的享受。

物

土家织锦的真相与现实

撰文 胖菇 供图 左汉中 摄影 郭子鹰 等

在湘西捞车河，织锦手艺是很多妇女的必修功课。在她们手中，各色棉线得以经纬有序地排布在织锦上，构成种种图案。摄影_李锋

刘代娥大概是整个捞车河村唯一一个用苹果手机的人。她坐在织机旁边，跟电话那头的人谈生意，织机上架着织了一半的锦，露着线头的那一面朝上。

这样的画面一点也不突兀。11岁起就跟其他土家族少女一样学习织锦的刘代娥，肯定不是最早接触织锦的，却是第一个尝试把织锦作为商品卖出去的。1986年，她就和姐姐刘代玉、妹妹刘代英开办了一家织锦厂，几十台织机和三百来号人，规模堪称宏大。虽然将近十年之后，由于材料和经营的关系，织锦厂垮掉了，但刘代娥并没有就此放弃。

2010年，她又和家人一起，成立了捞车河村土家织锦技艺传习所、刘氏三姐妹土家织锦有限公司。刘代娥与她的姐妹们就在这里将土家织锦的传统技艺口传心授地教给愿意学习的年轻女子们。光是来参加培训的，每年就有六万多人次，其中一百多人已经可以制作出合格的土家织锦。我们见到一组捞车河村土家织锦技艺培训学员登记表，学员基本上来自本村本地，有11岁的学生，也有57岁的阿姨。刘代娥的公司一年能接四五十万的订单，生意相当不错。

很多照片里的刘代娥，都穿着带有土家族符号的服饰，或是站在织机旁，或是正在织作。眼前的刘代娥确如照片上那样瘦小，穿着最常见的短袖衣衫，两手也没有在织机上忙碌，就只是闲闲地坐着。“做织锦很累，坐久了颈椎疼。”她说。时值八月，山间空气凉爽。嫁到江苏的女儿抱怨那里天气太热，正好回家避暑小住，刘代娥打算陪陪她。女儿不畏旅途颠簸，几番转车，也还是要回到这个位于湘西西北边陲、地处武陵山脉腹地的寨子。这个原始的土家村落，以彭、梁、向三大姓为主，村民们认为自己是土司时期的三位土王——彭公爵主、向老官人和田好汉的后代。刘代娥的丈夫就姓向。

寨子现在是个景区，入口处有“惹巴拉”字样。我问刘代娥，“惹巴拉”是什么意思，她笑说不知道，他们一直叫这里捞车河的。资料上说“惹巴拉”在土家语里有“美好之地”的意思。这里的溪流和山川的确秀美，在有着“武陵土家第一寨”之称的群落里，仍然保留着看起来非常原生态的建筑——长长的廊桥，以及坐落在浓绿田间的吊脚楼和木构院落。要在村庄和田野中穿行十多分钟，才能走到刘代娥的家。

或许是为了方便研究者来访，政府出资，在刘代娥家旁边另盖了一座小楼做展厅用，墙上挂着织锦成品和资料介绍。织锦色泽鲜艳，多是几何纹样，气息质朴。织锦的土家发音叫“西兰卡普”，一种说法认为这是“土花铺盖”的意思，同治年间修的《龙山县志》云，土锦“绩五色线为之，色彩斑斓可爱。俗用以为被，或作衣裙，或作巾，故又称‘岗巾’”。《永顺府志》云：“斑布即土锦……土人以一手织纬，一手用细牛角挑花，遂成五色。”所谓“岗巾”“土锦”以及“土绢”“岗锦”等相似称谓，皆指土花铺盖。和大多数少数民族的手工织品一样，以往的织锦承担着最日常和最郑重的角色——被套，以及嫁妆。

另一种传说中，“西兰”是人名，“卡普”是她织的花布。相传西兰是土家山寨最漂亮最聪明的姑娘，她把山里的百花都绣完了，就没见过半夜开花半夜谢的白果（银杏）花。为了绣出白果花，她半夜独自爬上高高的白果树与白果花对话，不料被又丑又坏的嫂嫂发现，西兰的父亲听信嫂嫂谗言，用板斧砍断了白果树。西兰摔死了，她的绣花艺术却被土家人传了下来。

龙凤花

椅子花

凤穿牡丹纹

四十八勾纹

粑粑架纹

老鼠嫁女纹

土家织锦的看头

土家织锦常用的色彩是一对对互相独立而又分离的鲜艳原色。充当嫁妆是土家织锦的重要功能之一，所以人们会刻意追求鲜亮、跳跃、喜庆的感觉。而传统土家织锦多用植物、矿物类的染料，这种图案在长时间使用后，容易褪色，为了延缓褪色，留住艳丽，人们也会倾心于醒目的色彩。

丝绸、刺绣、印染可以把图像上的物体形象描绘得精致写实，但是土家织锦却受载体所限，无法还原自然。所以，土家族民间艺人就机智地利用化圆为方的平面设计原则，把对客观世界的主观感觉表现在抽象图案中，是谓以大自然表现大自然。

世世代代，同处莽莽武陵山区，土家族与其他诸多西南少数民族生存和发展的“自然场”高度一致，这决定了其文化必然趋同。正如湖南织锦专家汪为义、田顺新等人在相关研究中谈到的，虽称谓不同，苗锦中的多种纹样图案均能在土家锦中找到对应的纹饰，这正是地域文化现象趋同的产物。

织锦的样式并非一成不变。在实践中，经常有新的设计、新的织法出现，让这门手艺保持着顺应时代发展的生命力。

丘壑于胸，所谓“通经断纬”

展厅显眼处放了两台土家织锦的木质织机。

凡是由彩线织就图案的织物，都能统称为“锦”。从“锦上添花”“前程似锦”等成语就能看出，锦是一种相当古老而美好的东西。三千多年前的周朝丝织物中，就已经有锦，五色灿烂，华丽异常。之后汉、唐、宋、元各朝，宫廷都有专司织锦的机构。丝织物从来昂贵，加上繁复的工艺，意味着丝锦只能是权贵专享。锦的种类也有很多，比如南京云锦、四川蜀锦、苏州宋锦、杭州织锦等，这些织锦大多用丝，甚或用金线，华贵异常。而壮、傣、瑶、侗等少数民族的织锦工艺，多用棉，甚少用丝。

从手法上来说，土家织锦倒是和苏州宋锦类似，都是采用“通经断纬”的方式。所谓“通经断纬”，就是通过纬线显色，属于纬锦（蜀锦则属于经锦）。“经花”是中国最古老的织花工艺，早被时代所取代，而土家花带却展现了一个“通经通纬”的“经花”典型，有织造“活化石”之称。“机床低而小，布绢阔不盈尺”是对传统织机及织锦的真实描写。在多处汉代画像砖上，我们都可以见到两千多年前汉代斜织机的形象，它们与西兰卡普的腰式斜织机惊人得相似，其杠杆原理、综线运用等都可为织造科学的研究提供依据。

土家织锦的技艺流程主要由纺捻线、染色、掏线、牵线、装筘、滚线、捡综、翻篙、捡花、捆杆上机、织布、挑织等12道工序组成。其最独特的地方在于，它是“反面挑织”的。也就是说，面对着织锦人的，是锦的反面，人要“眼看背面，手织正面”。

虽说织锦是一项程序性极强的工作，但在具体操作中又有相当的偶然性。挑起成束经线、数纱、夹色纬等动作，凭的是经验和感觉，必须随机应变。因此，即使是织同一图案，不同人做的织锦也会有细微变化。完全手工操作的“非标”作品与大工业生产的“标准化”产品的根本区别就在这里——手工的制作凝聚了匠人的心智和经验，同时还有制作瞬间的直观情感。

刘代娥不仅是个敏锐的商人，更是一名技艺精湛的手艺人。在织锦的时候，她是不用看画稿的，图案就在心里，她知道如何操作手里牛角材质的“捡花”挑出几股经线，再把彩色的纬线织进去。她的织锦纹样构图多为菱形、横式长方形和斜式交叉的几何图形，也有台台虎、船船花等取材于自然和生活的元素。

图案就是历史，抽象源自日常

什么是台台虎？土家族流传着两句民谣，“白虎穿堂过，无灾必有祸”“白虎当堂坐，白虎是家神”。在湘西土家人看来，白虎有两种：过堂白虎和坐堂白虎。前者是凶神，要赶要杀；后者是家神，要崇要敬。不管怎么说，让白虎吓到孩子总是不好的，因此女人们便在婴儿用的盖被上织上“台台虎”图案，以求除病去灾，庇佑小孩强壮、平安。

潘光旦对此信仰有过生动记述：“凡初生小孩的人家是必须供奉阿密妈妈的。供法是剪一纸人，打一小伞，贴在碗橱上，做母亲的到逢年过节与初一、十五的日子，必须向她致敬。巫师法术就是‘赶白虎’，凡在十二岁以下的小孩，最怕‘白虎招魂’。有这种小孩的人家在每年秋收以后，要请土家巫师赶一次白虎，做法是：在门外坪坝上插一根竹竿，上面挂公鸡一只，巫师则在室内做法，等到外面公鸡一叫，表示白虎已被赶走，法事才完。”

还是在展厅，我看到墙上挂着一幅装裱好的织锦凤凰，图案复杂，以为很难。没想到刘代娥说，平纹构成的这幅凤凰其实并不难，织锦里最难的是斜纹。“斜纹难织，因为要时时调整织机，让事先架好的上、中、下三组经线处在合适的位置”。稍有不慎，就有可能织错，拆下重来又是一番耗时耗力。

她的得意之作《四十八勾》也在墙上，乍看就是几何图案，由不同色块交叉的斜式纹样，环环相扣。民歌歌曰：“四十八勾勾小姑，土家被盖巧工夫，郎若看得新式样，陪装嫁奁中意不?”四十八勾纹呈多层次的中心扩散状，纹饰层层关联紧扣，有如土家人在月夜的山野围着篝火跳摆手舞。民俗专家汪为义考证，四十八勾为太阳崇拜和母性崇拜的隐喻，因为土家先民视太阳为女人、月亮为男人，还有太阳妹妹、月亮哥哥的传说故事。

抽象源自日常。土家织锦中的“粑粑架花”就取材于土家打年粑用的架子；“泽罗里”则取材于流水波浪；“猴手花”取材于猴子的手掌……这些都还好说，更有意思的是土家织锦中出现的大量“卍”形纹，在织机的机头两端也大都刻着一个“卍”形纹样，“卍”不是佛教专用的吗?

何新在《诸神的起源》中考证认为，“卍”形纹不是随佛教传入的，距今五六千年前的甘肃、青海等地新石器遗址中就有出现，和出土的新石器时期纺轮上的纹饰十分接近，何新认为“卍”形纹就是形形色色的“十”字纹、“八角星纹”的一种变体，即太阳纹饰。佛教也认为“卍”形纹代表了太阳神战车的轮子，“卍”来自快速转动的车轮，代表着永恒与生生不息。在土家民族发展的后期，佛

在捞车河村土家织锦技艺传习所，刘代娥在演示织锦。在这里，织锦艺术没有像很多其他非遗手艺那样面临衰亡，而是在传承人的努力及商业力量的辅助下得到了一定程度的发扬光大。

教早已传遍土家区域，因此，如果说“卍”形纹同时有佛教的含义也并无错。学者伉俪辛艺华、罗彬研究认为，土家既是巴人之后，而巴为西羌之后，那就不奇怪土家织锦中出现这么多早期民族的文化符号遗存了。

趋同背后的真相

但我们仍要追问。侗、苗、瑶、土，各种织物，对普通人而言，本就有些分不清楚。尤其苗锦中的多种纹样图案，均能在土家织锦中找到对应纹饰，是谁抄袭了谁？还是其中另有深意？

正如湖南织锦专家汪为义、田顺新等人在对湘西地域织锦的介绍中谈到，制作工艺上的内在联系、纹样式样的大同小异，导致了苗锦芭排和土家织锦的相似，这些都是表象，是地域文化现象趋同的产物。而地域文化趋同的背后，也许是“礼失求诸野”的真相。

中国民族史学会副会长张正明先生曾提出：“中国有一条很长很宽的文化沉积带。中国的地形，从西到东，从高到低，大致可分为三级阶梯，长江上游与长江中游的交接地带，位于第二阶梯中段的东缘和第三阶梯中段的西缘，这里到处是连山叠岭和险峡急流，地僻民贫，易守难攻，历史的节拍比外围地区舒缓。北起大巴山，中经巫山，南过武陵山，止于南岭，是一条文化沉积带。古代的许多文化事项在其他地方已经绝迹或濒临绝迹了，在这个地方却尚有遗踪可寻。这么长又这么宽的一条文化沉积带，在中国是绝无仅有的。土家族正好分布在这条文化沉积带的中部，所保存的古代文化信息特别丰富。”张正明所揭示的这种观点反映在土家织锦上，便是它与周边民族的织物文化的相似性。

传图不传色，自然有斑斓

过去的二十年间，刘代娥始终在收集土家织锦老货，也曾为了带有某种传统纹样的一块织锦走上几十里山路去别处，千辛万苦买回。土家族是没有文字的民族，织锦图案里包含着土家先人对自然和民族奥义的理解。据说历史上西兰卡普有四百多种纹样，保留下来的只有一半，刘代娥也复原了一部分。她收藏了近七十块古老的织锦，大方地拿出了几块给我们看。

看到那些带有时光印记的织锦时，有三秒钟，我屏住了呼吸，没有办法把视线移开。它们原本就是植物染色的，再加上时间的厚度，更显古朴天真。刘代娥又拿出两条，主色是橘红色，配靛蓝的底。我们猜这俩也是老的，她笑笑，说不是，这是北京客人的订单，按他的需求，进行了植物染。颜色是织锦的灵魂，植物染的色泽，完全不同于寻常彩线的鲜艳，它们尽管斑驳，有的还露出浆洗后的苍白，却异常夺目。

土家织锦有个传承上的特点就是“传图不传色”，就像一首配色歌诀所唱的那样：“黑配白，哪里得；红配绿，选不出；蓝配黄，放光芒。”土家人具有朴素的、运用互补色的原理来配色的意识。

巴人尚黑、楚人尚赤，用学者辛艺华、罗彬的话说，土家织锦的色彩观念蕴含着土家族在其发展过程所积淀的民族远古的色彩观念。同时，长期自给自足的社会条件，相对封闭的状态促使土家人将自发精神冲动地表现出来，在自发中达到了自由的创造。

沈从文在《边城》里写集市上有“染色的棓子”，棓子就是五倍子，也叫盐肤木，是一味药材，可以用来染黑色。还有一种叫“狗屎泡”的植物也能用来染黑色，刘代娥家门后的田地里就种着“狗屎泡”。叫这个名字是因为，用来染色的果实本尊实在像狗屎，学名叫“乌泡子”，属于蔷薇科。织锦上红、黄、蓝、紫皆有，每一种都有与之对应的植物。刘代娥细数她的染色经：栀子染黄色，矿物或紫草根染深红，蓝色用靛青，绿色需要调配，而椿树皮可以染橘红。染线需要熬煮，加盐加酒以固色。除了狗屎泡，刘代娥还种了一小片马蓝，它们是靛蓝的来源。

伤花怒放待其时

植物染色成本高昂，并非一般人能够承受。所以很多时候，织工都直接用现成的彩线。然而织锦本身已经是一项极为耗时的工作，木质的织锦架、牛骨制成的挑刀、纯天然的棉线和丝线、每处细节都精益求精的花纹，如果是织造斜纹，一天下来织不了几厘米。一幅宽60厘米、长1米左右的精细斜纹织锦，通常需要两个月才能完成。像这样一小幅织锦，如今已经卖到两三千元，好的，甚至卖到上万元。

二十年前，土家织锦凋敝，没有人敢想象织锦可以卖到如此“天价”。这一现状，可以说是奇迹。

土家织锦从未辉煌。据1985年版《龙山县志》记载：清代苗儿滩、洗车河两地以纺织等为主的手工业专业经营户12户，从业人数28人。新中国成立初期，土家织锦的织造风俗除了湘西北酉水流域的龙山、永顺、保靖等地之外，也只有同处于酉水流域的湖北来凤（今属重庆酉阳）还有。“文革”将土家织锦推向了崩溃的边缘，产区再度缩小。据1999年调查统计，龙山县有土家西兰卡普机2 614台，织锦艺人4 034人。1995年，洗车河村被湖南省文化厅授予“土家织锦之乡”称号。但之后随着经济发展大潮的席卷，织锦发展再度受挫。

据中央民族大学李艳芳和中南民族大学邵长波所做的调查，现在西兰卡普展现的场所多为县城里的专卖店、政府部门组织的存在于旅游景点里的织锦技艺传习所，而不是存在于“户织有声”的农家小院。目前，土家织锦的生产织造主要集中在龙山县的土家织锦传习所、洗车河沿岸的村寨、来凤县的土家织锦生产基地和花垣民族工艺厂。这些保护性开发企业由叶菊秀、刘代娥等为代表的工艺大师，和田若兰、唐洪祥等传承人主持。鄂西、湘西、张家界等地的旅游景点也还有织锦坊，但基本以表演为主，其产品和织女主要来自龙山的传习所。

邵长波举了一个有趣的例子。海南的黎族织锦同样是国家级非物质文化遗产，但织造技艺比较原始，从业人员也比较少，传承得并不算好。黎锦的织造原理和土家织锦并无太大区别，因此就有老板把图案拿到湘西来，由土家织锦的艺人织造，织造出来的产品再发回海南当作黎锦进行销售。在龙山，这种订单每年都有很多。这是否算是土家织锦功能的一种发展？

就在我们结束采访回程途中，迎面又过来一支拜访刘代娥的考察队伍，算上我们，那已是当天拜访刘代娥的第三拨人。走出惹巴拉景区的时候，我突然注意到入口的四个大字：风物长新。

传统的土家锦使用天然的棉线。

花瑶没有自己的文字，挑花是一种承载民族记忆的方式。在花瑶女子的手中，一针一线密密缝，在一方布匹上就能挑出一个世界。

物

花瑶挑花
一花一世界

撰文 胖菇 摄影 李锋 等

花瑶挑花的样式百变不拘，既有具象的物体，也有抽象的图样。这些不为外人所知的“密码”，个中真意，或许只有花瑶人自己能够理解。

够“花”才敢叫花瑶

小沙江镇距离位于虎形山深处的花瑶寨子还有一个多小时的车程，镇上已有穿着花瑶服装的妇人三两走过。她们统一装束，头顶花帽，身着蓝衣，下身围着黑底白花的裙子。花瑶是个人口不足两万的古老族群，这个瑶族分支百分之九十以上的人口，都聚居在湖南隆回县的群山里。

前几天正逢农历七月初八至初十，与农历七月初二至初四一样，都是花瑶的传统节日——讨僚皈。“讨”是汉语“走”的意思，“僚”是诅咒，“皈”指菩萨，“讨僚皈”直译是“走过菩萨的诅咒”，有纪念在历史战争里牺牲的祖先的含义。相似性质的节日在上半年的农历五月还有一个，叫“讨念拜”，意为走过血泪的祭祀。花瑶的这三大节日统称“赶苗”，实则是为了纪念发生于元、明、清三代的三次与中央政府的战争。

节日本意虽然沉重，花瑶族人的纪念方式却相当热闹欢乐，他们会兴高采烈地聚在一起，结伴赶集，唱歌跳舞。花瑶是瑶族的分支，却不知瑶族鼻祖“盘王”，也不过“盘王节”，讨念拜和七月初的两次讨僚皈是他们最隆重的节日。花瑶像是独立于瑶族其他

怀化市溆浦县山背村的花瑶女性，喜欢头戴宽大的圆盘头饰。这种色彩艳丽的反斗笠状头饰由红、黄色彩带缠绕而成，上大下小，可以遮挡阳光。摄影_尹忠

300多个分支的一个族群，并不与它们共享历史和风俗。

在瑶族各支系中，以服饰特征为称谓的非常多，如“红头瑶”“白裤瑶”“黑裤瑶”“长衫瑶”“青衣瑶”“花篮瑶”……实际上，以服饰作为民族文化标志的现象普遍存在，如傣族中的“花腰傣”“傣亚”“傣仲”，哈尼族中的“糯美”“糯比”，苗族中的“白苗”“青苗”“绿苗”“花苗”“黑苗”，等等。

而花瑶之所以叫花瑶，就是因为女性族人穿得异常之“花”，她们把动物、花卉和祖先都穿在身上。

花瑶有多“花”

1997年版的《邵阳市志》这样描述隆回小沙江、虎形山等地的花瑶：“花瑶女子发结辫盘于头，用丈余长的红、黄等亮色毛线编织成的结发带系扎，层层缠绕，成大圆盘，直径宽大尺余，外覆青白色交织的方格布为头巾，并系以缨须、银铃等饰品，五彩缤纷，耀人眼目。花瑶女子普着素色衣、刺花裙，脚系绑腿带，身缚花腰带。上衣对襟无领，开口于胸，里衣长盖蹩，外衣长近踝骨，袖口与衣下摆均刺上彩色花边或以花布绲边。

“对虎纹”中，通过对老虎四肢的节律排列，特别突出一条腿的动作，形成一种往前运动的姿态。老虎尾巴高高挑起，憨然自信。

隆回花瑶挑花中的蛇纹图案最多。人们对蛇在当地极强的生存能力和旺盛的繁衍能力崇拜至极，希望将蛇的神奇能力赋在自己身上。“双蛇穿树纹”中，两蛇各自缠绕着树枝而向上，这种民族造型观具有道教的“物我为一”的哲学观念，浪漫而神奇。供图_左汉中

衣扣以红、蓝布结成，里衣每边6个，外衣每边10个。每两个缀一起，纯为装饰。腰带以8节以上圆筒形彩布连缀而成。圆筒裙最讲究花色，裙以粗纱白布为料，前幅以细股彩色毛线或彩线挑刺成菱形、三角形、梯形、矩形等几何图案，裙中、后幅以素色纱线挑刺花、鸟、走兽图纹，裙脚亦以花布绲边。绑腿带以白布为底，边沿刺花，绑时由下而上，形成节节彩纹。”

花瑶之“花”，可见一斑。

花瑶有自己的语言，却没有自己的文字，挑花就是她们记录的方式。虽然早有沈从文赞誉其为“世界一流的挑花”，隆回花瑶的挑花却一直寂寂无闻。直到2001年，在花瑶讨僚皈节日期间举办的首届瑶族佳丽服饰风采大赛，引起了国内外对花瑶服饰及其挑花裙的关注。2006年，花瑶挑花被收入国家非物质文化遗产名录。这大山深处美艳绝伦的“花”，才渐入我们的视野。

心到手到，心美“花”也美

世代延续的审美像山川溪流一样亘古，不过祖先留下的最丰厚的遗产，还是纯真的眼睛和灵巧的手。更多图案，来自花瑶女子的心。

进入花瑶寨子，看到有妇人坐在自家门口，她们中有的穿着传统服饰，也有的穿着开衫外套，手里却都拿了一块黑布，右手拈着针，白棉线在布里翻飞。她们看起来并不愿意与外人搭话，始终埋头于手上的工作，时不时与同伴低语几声。

若说技术，挑花就是十字绣的针法，比苗绣和苏绣都要简单太多；但绣品都是要依照画稿的，挑花却不用。花瑶女子从来都是心里有什么，手上就出来了，是个心到手到的境界。

“我想挑什么，就挑什么。”奉堂妹说。奉是花瑶的大姓，奉姓有很多手艺出众的女子。53岁的奉堂妹是隆回县第一批非物质文化遗产杰出传承人，她的作品，被形容为“神仙的挑花”。在虎形山深处的大托村，我们见到了这位花瑶的“神仙”。

奉堂妹没怎么出过湖南，大多数时间就在山里，但这无碍于她的创作，反倒更能保全她的纯净。没见过真的马，在画报上看到，奉堂妹就把画剪下来记住，把图案挑花在裙子上，朴拙可爱。她好像就是有这样的天赋，想到了，就能挑出花来。

奉堂妹手上正在挑一幅双鹿图，两个月，完成了三分之一。挑花最终都是做成裙子，所以尺寸是大致不变的，图案丰俭由人。有人统计过，一身挑花筒裙最起码要挑30万针，前后耗时约180个工日。

与我们聊天时，奉堂妹总是脸带笑意，而且非常自信。她说：“我的挑花是要比别人好

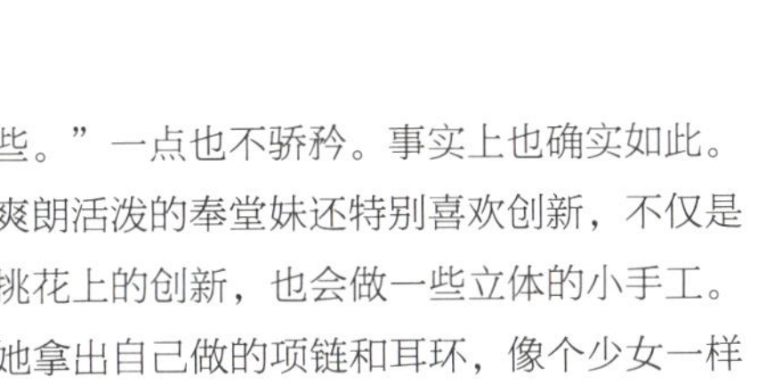

花瑶挑花的准备工作很简单，各式的线与针相互配合，就能挑出一片小天地。

些。”一点也不骄矜。事实上也确实如此。爽朗活泼的奉堂妹还特别喜欢创新，不仅是挑花上的创新，也会做一些立体的小手工。她拿出自己做的项链和耳环，像个少女一样把它们拎在手里，喜气洋洋地宣告：“这是我的发明。”

那是些粽子形的装饰物品。奉堂妹说就是在包粽子的时候突然有的灵感，想着能不能用彩色的丝线缠成粽子的形状，做成饰品。于是她就拿硬纸包裹了棉花做成芯子，在外面缠上不同颜色的线，加上流苏和坠珠，有模有样，艳丽得怪好看的。奉堂妹会时不时做一些芯子存着，大的如粽子大小，小的也就三四厘米，缠好后就能去集市上卖，一副耳环卖50元。

奉堂妹家门前有一株梨树，已经有梨子三三两两地熟了，落到地上。屋子旁边是一方小池塘，里面种着茭白、慈姑，还养着几条泥鳅、一些田螺。奉堂妹的丈夫是学校的语文老师，那天他休息在家，从山上挖来了新鲜的嫩笋。他把我们带到他家后院，让我们点选午餐的禽畜……这大山里的二人世界有滋有味，惹人艳羡。

一生的技艺，生生世世的记忆

正如一首花瑶山歌中唱的：“阿妹我生来爱挑花，挑得满山开鲜花。蝴蝶见了满山飞，蜜蜂嗅了满山叫。阿哥喜欢哪一朵，请你告诉我，妹要把花绣到哥心头。”苗族女儿会用整个青春期为自己缝制一件嫁衣，而只有一身花样出色的筒裙，才会被认为是花瑶女子的合格嫁衣。

筒裙是花瑶女子最珍视的财富，穿在身上的手艺是她们品德的象征。花瑶女子的帽子也是挑花挑出来的，那是一根两三百米的彩色花带，一圈一圈盘成帽子的样子，用丝线固定住就能戴在头上。

所有有着古老传统的民族几乎都有这样的共识：女儿若是拿不起世代传承的手艺，便是羞耻。花瑶也是如此。在花瑶聚居区，挑花技艺最好的姑娘是年轻小伙争相追逐的对象。因此，所有花瑶女子在少女时期就被要求学习挑花这一门手艺，或许族人并不将此看成装点门面的工具，实乃生活必需。

为何花瑶女性会有精心挑花、准备嫁妆的习俗？其实若我们纵观花瑶的历史，就不难理解其中缘由。正如湖南商务职业技术学院副教授禹明华在相关研究中指出的，花瑶服饰的功用，已经远远超出了遮羞、御寒的范围。对于这支只有语言没有文字的部族而言，挑花的存在不仅是一种生活形态，呈现着一个民族对生活美的艺术追求，更是一个民族历史记忆的物化符号，记录着花瑶历史上的重大事件和重要历史人物，也承载着花瑶自身文明的保存与传承。在悲情的举族大迁徙中，花瑶服饰犹如一面旗帜，把花瑶人紧紧地团结在一起。它增强了花瑶人的凝聚力，使其部族生存繁衍至今。

比如奉堂妹，她从10岁起跟随母亲学习挑花，到现在已逾40个年头。即便眼睛日益模糊，手里的花针却是放不下的。

花瑶女子在家庭事务中居于主导地位，有谚为证："男闲女不闲，男子在家带小孩，女子出门去耕田。"后来不知是哪个朝代，统治者强迫花瑶人改变服饰，男子都投降了，改了服饰，但女子拒不投降，付出了血的代价。虎形山乡文化站的奉雄心向禹明华展示了《雪峰瑶族诏文》手抄本，其记述印证了这个悲情故事——"汉降瑶不降，男降女不降，生降死不降。"

在异族王朝的高压政策下，花瑶男子的服饰早已失去了其民族特色，而花瑶妇女则捍卫并保存了其民族特色。

迁徙到了尽头，世界生长

瑶族的称谓，可以上溯至古时候的"九黎""三苗""荆蛮"，唐太宗认为"四夷可使如一家"，从此开始有"莫徭"的称呼。"莫徭"即免征徭役的意思。漫漫历史中，花瑶人有过"莫徭"的自由美好，但更多的则是被称为"蛮夷"并饱受歧视与欺凌。然而，即使在"入山唯恐不深，入林唯恐不密"的最为困顿的日子里，据东汉应劭《风俗通义》记载，他们仍"积绩木皮，染以草实，好五色衣服"，那份追求美好的心情始终未改。

花瑶挑花中有一种被使用得最多的花纹，音"干杯约"，汉语叫"花路岩"，是模仿生长在岩石上的一种菌体的图案。据说每到年成好时，菌体的图案就会特别明显，花瑶女儿就将这种寓意吉祥的图案作为挑花的基本纹样。

关于神秘的"花路岩"，禹明华副教授也做过一番考证，原来它出自当地一处名为"花绿岩"的胜境。花绿岩位于隆回县虎形山乡铜钱坪村，据传在康熙年间，花瑶奉姓迁徙于此。这里古木参天，绿树成荫，山间岩壁纵横，溪流直泻，花瑶先祖就居住在岩壁下的岩洞里。有一天，风和日丽，休憩的花瑶人忽见岩壁上有两个美丽的姑娘在刺绣。待人们走近细看时，姑娘已消失得无影无踪，但是岩壁上却布满了岩石花（即瑶语所称的"干杯约"），色彩鲜艳，绚丽夺目。于是，花瑶妇女纷纷仿效岩石花的图案刺绣在自己的衣裙上，花瑶民俗文化中最具特色的挑花艺术由此产生。

挑花的纹样种类还有很多，比如太阳纹、万字纹、灯笼纹、牡丹纹、蕨叶纹、勾勾藤纹等。住在山里的人们喜欢描摹自然，有了丛林，自然还要有动物，于是再绣上怀着崽子的母虎、摘桃子的猴子、对饮的双鹿，气息神秘而悠远。此外，"老鼠嫁女""对歌定情"等民族传说和传统故事也是常用的题材，这些都是祖辈流传下来的。

现在花瑶姑娘们用的底布是黑色的，以往用的布都是靛蓝染的粗布，更为古朴。现在因为织布染布的人少了，而这种机器生产的黑布更为便宜和普遍。她们用的棉线也都是白色的。

上午割草，下午挑花，就是奉堂妹一天的生活。山中天长，必要农作之外，并无其他消遣。那就针耕不辍，毕竟生活里没有什么好操心的。山外人渴慕的"无事小神仙"的生活，在奉堂妹这里，就是日常的现实。她可以任由心里的世界生长，再将它们绣到布上。

挑花的技术并不复杂，就是十字绣的针法。但挑花不像其他绣品那样需要画稿，花瑶女子从来都是心里有什么，手上就出来了，心到，手到。

辣，是湘西味道的灵魂所在。寒湿阴冷的气候让人无比享受辣椒入口瞬间的那种火爆与刺激。辣椒，既是湘西饮食文化的代表，更承载着一种自然磨砺出的生理需求。

知味大湘西 不只『酸、辣、腊』

撰文 殷丛 摄影 尹忠 等

湘地多水，适合莲花生长，莲藕与莲子也是这里的一道美味。

剁椒鱼头、毛氏红烧肉、腊味合蒸、油炸臭豆腐……这是湘菜；回锅肉、水煮鱼、夫妻肺片、麻婆豆腐……这是川菜；苗家腊肉、土家三下锅、蒿草粑粑、湘西酸鱼……这是湘西菜。

湘西有美食。说湘西菜不入湘菜主流的，是骄傲的长沙人；说湘西唯野味可陈的，是大腹便便的广深土豪；说湘西美食不过“酸、辣、腊”的，是旅行手册的编辑；而若说湘西食物形态没有特点，不如云、贵、川鲜明，则是你走得还不够深入。

狭义的湘菜，由湘江流域、洞庭湖区等地菜色发展而成，油多、色浓，讲究实惠。而川菜则取材广泛、调味多样、适应性强，清、鲜、醇、浓并重，并以麻辣著称。湘西菜兼有辣、腊和酸，但不够丰腴，亦不讲究麻香。我们不能王婆卖瓜，牵强地夸耀湘西之味，但从对湘西饮食的梳理中，却可以品味到鲜为国人知晓的史地文化。

居湘西而食湘西，居湘西而俗湘西

在南方行走游历，常听到导游“X山Y水Z分田”的介绍（其中X、Y、Z之和等于十），用以总结当地的崎岖贫瘠、不宜耕作。在这些“拉郎配”的广告语中，用“九山半水半分田”来形容湘西地理地貌，倒是真正实至名归。湘西地区的地理特点，是多山。由多山而得的气候特点，是湿寒。环境恶劣、殊难通行，将其置于中国的几千年文明进程里，便得到了湘西一地不同于通衢大方的地域文化。

是谓“居楚而楚，居越而越，居夏而夏”。张家界、湘西州、怀化、邵阳以及永州局部地区，从行政上而言，的确属于湖南范畴，但从文化上而言，更多介于湖湘文化和巴渝文化之间，是以原住民原始文化为底流、以楚文化为主流、以巴文化为干流、以汉文化为显流的区域文化。

西方有句名言，叫“食物成人”(we are what we eat)。我们也可以由此引申出“食俗成人”(we are how we eat)。走进湘西之味，我们可以就此了解此地先民在抵御潮湿与严寒的生存奋斗中，付出的超凡艰辛，与得到的璀璨果实。

鲜：野山珍，得其时

经历了整整一个冬天的蛰伏后，在立春后的第五个戊日，大山悠悠醒转。雪峰山几乎每条田埂上、小溪边，都长出了一种叫蒿草的植物。蒿草青绿色，叶片有棱角，颜值平平，却对花垣苗族人极为重要。把蒿草洗净，剁碎，揉尽苦水，焙干，然后与腊肉、艾蒿、野蒜（野胡葱、小根蒜）、地米菜等辅料掺和糯米放在灶上蒸制。由此而成的“社饭”，对很多湘西人有着美味与文化上的双重意义。

戊日属土，在湘西，这一天是祭祀土地菩萨的日子，阖家老少会聚在一起，用社饭犒劳土地神，默祈年景顺利、五谷丰登。过程中，人们重拾对神灵、大地、自然的敬畏之心。

不仅蒸食蒿草，湘西人在巧用山地方面多有妙法：椿木尖、竹笋、野紫菜、野荠菜，无不可食；野蘑菇、八月瓜、野猕猴桃，无不可摘；虫蛹、河虫、黄鳝、蚌蛙，无不可炊；怀化人素有炒野阳合的偏好，吉首矮寨镇的高山金秋梨已然蔚为产业……

“九山”的美好，在其丰沛的阳光、雨露、云雾。“九山”的精华，在于终年在千山万岭间盘桓的清淑之气。随节令而至的造化神功，钟于人，亦钟于物。湘西地域万物丛生，饮食资源也异常丰富。

据中国物种信息系统（CSIS）统计，武陵山、雪峰山簇拥中的这片区域，繁育着16~52种两栖动物、21~88种陆生爬行动物以及16~33种陆生食肉目动物。放眼中国，此地的生物多样性都可圈可点。这为湘西人爱好“爨獐煮蛙”之传说给出了注脚。

更美妙的馈赠，来自大地。鸭脚板、椿木尖、青蒿、地木耳、枞菌、百合……这些大自然的精灵在不同的季节从山间地头冒出来，丰富着人们的味蕾。

菌油绝对算湘西的山珍一绝。枞菌长在枞树底下，橙红色的叫红枞菌，紫褐色的叫乌枞菌。枞菌煮豆腐、枞菌爆炒野胡葱、枞菌汤，样样惹人垂涎。制作菌油则需要选肉质厚实、新鲜嫩小的枞菌，最好是乌枞菌，拌和鲜茶油，再添少许黄豆、花椒等配料，文火煎熬后，装入容器密封。煮面条、米粉或炒汤菜时，加上一小勺菌油，格外醇香味美。

腊：凡肉皆可腊，经年弥香

夏历最后一个月，天气益加冷，湘西的东村西寨都不时传来猪的号叫声。腊月了，该制作腊肉了。

人们把喂养一年半载的大肥猪杀掉，除留下一部分肉过年时吃以外，将余下的猪肉切成三五斤一条，擦抹盐椒粉后，装入大缸腌渍，让盐椒充分溶粘在肉条上。七八天后将腌渍好的肉条悬挂在火堂熏烘。如用松果、茶壳、柏叶、橘皮、谷糠等熏烘，腊肉油中透红，红中透亮，不见烟灰，颜色更显好看。数月的熏烘过后，便可将腊肉下架食用或贮藏。或藏在谷堆、谷壳中，或藏入稻草、锯木屑里，或挂在通风干燥的壁板上。

湘西是高寒地区，农村人烤火时间较长，熏

腊肉的时间也长，腊肉可以久藏不坏，能一直吃到来年立冬。冷烟文火熏烤透了的腊肉，有的甚至长出一层绿霉，洗净后味道一样美妙。

“九山”的阻碍，在其不易交通。难进难出的不仅是人，还有资源、食物。土家人家爱腊肉，苗家人也爱腊肉，除了腊肉好吃、存放得久等原因外，也许与他们住得偏远、购物不便有关。

有了腊肉，一旦来了客人，可以随时招待客人。因此做腊肉这种习惯便世代相传下来。猪舌子、猪蹄、乳猪，甚至鱼、蛇等，皆可熏制腊味。300年前，清人顾彩在《容美纪游》中记载：“就松间打火做饭，使者出所持干鱼、鹿腊，席地张伞食之，甚可口。”

蒸熟的腊肉，可以一片片、一丝丝撕着吃。洗净的肥腊肉，通明透亮，油而不腻，放在阳光下，能照见人影。土家人做出的腊肉，不仅用来待客，同时也可作为逢年过节走亲访友、联络感情的礼物。尤其那些小伙子，每逢节日来临，总要带上腊肉去看望岳父岳母，以博得女友及全家人的欢心。

辣：川渝不论，湘之辣极

“九山”导致了九倍的湿寒。在15世纪末辣椒离开美洲、用了约200年的时间抵达湘西之前，湘西人抵御湿寒的武器，是姜。

“湘西姜糖”已是凤凰旅游者的必买纪念品之一。据说姜糖特产的成型，源于凤凰民间治疗风寒感冒的一个小配方。当地民间相传，身体伤风滞重之时，切几片姜拌以红糖在瓦钵里煎煮一番，患者就着热汤服下，盖上棉被，发出一身大汗，便会一身轻快，体复如初。

姜糖温热，也许可以偶尔当零食吃，辣椒却绝对可以更有力地麻痹你的感官，帮你抵御饥寒，继续任劳任怨。

旧志载，雪峰山区“从岩幽谷中，水冷泉冽，岚瘴郁蒸，非辛辣不足于温胃健脾”。在湘西，辣，远远不只是一种调味剂那么简单，更有暖胃驱寒的医药功效，借此来抗拒山地潮湿所导致的身体上的种种不利。

辣椒除用来做调料外，也可放在灶的火烬中焖熟，和着大蒜在擂钵中擂烂后食用。湘西人还有一种食法更为直接——洗净后沾盐就吃。真如他们自己总结的：“三天不吃酸和辣，心里就像猫爪抓，走路脚软眼也花。”

“四川人不怕辣，贵州人辣不怕，湖南人怕不辣。”随着近年国人对嗜辣之俗研究的深入，我们发现湖南真正爱辣的人在湘西。这是有理论依据的。

西南大学历史地理研究所蓝勇教授，将中国饮食口味的辛辣重区与《中国年太阳总辐射量图》《中国年日照时数图》及《中国一月平均气温图》对比，发现前者正好与每年太阳总辐射低于110千卡的热量区、日照时数1 800小时以内的地区、冬季湿润（年相对湿度数值在70%以上）且1月平均气温高于4℃而低于8℃的地区（特别是山区）相重合。这些地区日照少、山区多、雾气大，冬季冷湿。生活在这些地区的人们需要辣椒。

而湖南作家蒋祖烜将这一发现结合到湖南省地图上，传说中的“湖南人怕不辣”骤然立体丰满——大湘西地区正是嗜辣湖南之重辣地区。

在湘西，地理的封闭和物流的不便使新鲜食材得来不易，能经久保存的腌腊食品自然备受欢迎。无论是肉还是鱼，皆可入腊。摄影_李锋

酒：抗湿寒之利器，恍若身非此世间

《本草新编》记载："酒，味苦，甘，辛，气大热，有毒。"湘西湿寒，劳作艰难。为了缓解疲劳、振奋精神，不论是坡上的苗族村落还是岭下的土家寨子，几乎家家户户都会酿酒。

湘西的酒分三种。一为糯米甜酒，甜而不烈，可用来招待女客。夏天的时候，孩子们可以用凉水冲甜酒解渴。冬天来临，山地里天寒地冻，一家人围坐火坑旁，把甜酒加水煮开，泡上糖馓和阴米，可充饥暖身。二为稻谷白酒。三为劲头十足的苞谷烧、高粱酒。

"蛮酒酿成扑鼻香，竹竿一吸胜壶觞。过桥猪肉莲花碗，大妇开坛劝客尝。"地道的土家人会用糯米、玉米、茅稗、荞麦、青稞、高粱、大麦等酿制"杂酒"。酒置坛中，不经过滤压榨，用细竹做成吸管，众人轮流咂饮。边饮边加水，直到味淡为止，名曰"咂竿"。

《边城》里有这样一段描写："那边一个眉毛扯得极细脸上擦了白粉的妇人就走过来问：'大哥，副爷，要甜酒？要烧酒？'男子火焰高一点的，谐趣的，对内掌柜有点意思的，必装成生气似的说：吃甜酒？又不是小孩，还问人吃甜酒！那么，酽冽的烧酒，从大瓮里用竹筒舀出，倒进土碗里，即刻就来到身边案桌上了。"

就算你不知道《边城》写的是茶峒（今已更名为边城镇），你也会知道这个边城一定不是泸溪城，因为在泸溪有"女人喝酒，男人喝茶"的古老习俗，女人是要喝烈酒的。在泸溪之外的地方，男人喝酒则放肆起来。湘西人黄永玉在《我心中的"列仙酒牌"》中回忆道：凤凰县有两父子在家对饮。半酣时父亲对儿子说："你晓不晓得，我是你爹？"儿子举杯说："晓得，晓得！喝，喝！"……大家都喝得差不多的时候，父亲又问了同样的话，儿子却大叫起来："你他妈！我才是你的爹！喝！喝！"……

湘西的酒是用刚烈血气勾兑出的剽悍蛮野，正是在酒精的激励下，贺龙有了"天王老子都不怕"的豪情，带领一帮哥们"两把菜刀闹革命"，扭转浑噩乾坤。

对湘西的饮酒之俗，也有人提出了担忧。北京体育大学的屈杰在研究湘西少数民族地区农村居民生活方式对健康的影响后认为，这里是一个血缘家庭、亲族家庭构成的聚合体，酒仍然是联系血缘亲缘、宣泄不满情绪的最好载体。当地人酗酒的习惯，直接影响了他们的身体健康。

酸：侗不离酸，借以对抗无常

侗乡有句谚语："住不离山，走不离盘，穿不离带，食不离酸。"这是对传统侗族生活方式的真实写照。"无菜不腌，无菜不酸"亦是对整个湘西地区食性的总结。

据考，侗族腌酸菜始于宋代，有坛制和筒制两种制作酸菜的方法。坛制是指将淘米水放入坛内，置于火塘边加温，使其发酵，制成酸汤，然后用酸汤煮鱼虾、蔬菜。腌鱼、腌猪排、腌牛排及腌鸭则以筒制。腌蔬菜可放2年，腌鸡鸭可放3～5年，腌肉可放5～10年，腌鱼可放20～30年，非有大庆大典不开坛。侗家盛宴，碗碗见酸，而最为罕见的则是由十道大菜组成的"侗寨酸鱼全席"。

"三天不吃酸，走路打倒蹿。"湘西苗族把

腌制食品称为“鲊（zhǎ）”，几乎家家都有腌制食品的“酸坛”。家境好坏，亦可从酸坛的多少看出来。殷实的苗家，其酸菜坛子有几十个，可齐崭崭地排上一长溜，其中包括白菜、萝卜、竹笋、野菜，还有猪、牛、鱼，甚至蛆蛹、青蛙。坛子多少在苗家女孩心中占着很重的分量，有歌为证：“不论我郎人品好，只要男家酸满坛。”

过去，苗寨盛行的待客佳品是腌坛酸肉鱼。他们把猪牛肉或鱼剖开洗净，切成小块，用盐粉腌之，配以辣椒粉，和以米粉，装入坛中，密封其口。经两周后，略变酸性，取出生食。

我在吉首乡下吃过一次酸鱼，惊为天人。饭店老板笑嘻嘻地介绍说，他家湘西酸鱼的腌制方法来自祖传秘籍。

是的，翻阅南方荆楚之地各民族的迁徙历史可以得知，战争迫使湘西人的先祖，从江汉鱼米乡，一步一步，沿着溪谷乱石，向雪峰山脉与武陵山脉的夹缝中迁徙。贫瘠的土地、水旱天灾的无常、官兵的围剿与匪乱、“苗不出疆，汉不入侗”的封锁禁律，注定湘西的饮食口味首先定位在“酸”上，因只有“酸”才能使食物得以贮存而不变质，随时预备成为灾乱时的救命粮。

酸味的首创或许来源于无意。东汉时期许慎在《说文解字》中提到“菹菜者，酸菜也”，北魏贾思勰在《齐民要术》中详细介绍了用白菜等腌渍酸菜的方法。

而湘西的“酸”，传说是由一位叫吴月秀的苗家女发明。苗家缺盐，缺盐除吃饭不香外，更使人全身无力。吴月秀见乡亲食不甘味，便用热米汤浸泡菜叶在土钵中，几天后，飘出酸酸的清香。乡亲们因吴月秀泡制出来的“酸汤”而食欲大增，浑身有劲了。

湘西的酸菜，可分为两类。一类腌制时间比较长，如大头酸、酸辣子、酸鱼；一类是快速产出的“小品”，如醋萝卜、豆荚酸。四五月份，青菜上市，大张大张的特别诱惑人。将青菜洗净，用开水焯过，杀青。然后在磨子下压干，拌上苞谷粉后入坛贮存。每到夏季，乡亲在田地里劳作时，就用此和井水解渴，味道十分特别。的确，腌酸制品，能够以酸代盐、以酸代味，消暑解渴、开胃助消、杀菌防病……

湘西不产盐，由于自然与人为的种种阻碍，历来饱受缺盐之苦，所以湘西人素有铤而走险贩私盐的商帮。这是后话了。

糯米杂粮：见拒于白米，另寻的最爱

在侗族饮食中，只要有酸食，哪怕只一种，也可以不计较别的菜；如果有了侗粑、团子等糯食，又有酸食，那就是美味佳肴了。在采访中，湖南省博物馆的陈华丽向我们郑重推荐湘西的糯米糍粑，这种类似朝鲜打糕的吃食，能算是湘西特色吗？

不仅算，而且很重要。湘西山区，山高路陡。湘西老农会这样跟你介绍他的家乡：“乱石旮旯地，牛都进不去，春播一把种，秋收几颗粒。”侗、土家、苗与瑶，在这样的地方生产、生活，需要付出比在平地生产、生活更多的体力与毅力。侗族学者袁仁琮研究后指出，在不能提供大量肉食的情况下，不易消化的糯食特别受山区民族青睐。杂粮在湘西饮食中一直占据很高比例，除了稻谷产量不高的原因，更重要的是因为杂粮“经得饿”。糯食不易消化，助消化的酸食因此更不可或缺。

怀化市靖州县三锹乡地笋苗寨的地道糍粑。

无论在湘西何处，只要有一串串挂在房梁上慢慢晾晒干瘪的辣椒，就有家的味道。摄影_林帝浣

制作酸鱼、酸肉，都少不了糯米相助，凤凰最有特色的地方菜“血粑鸭”里，也缺不得糯米。糯米和其他杂粮，是湘西人最爱的主食。难道他们不喜欢白米、白面吗？非也，乾隆年间的《龙山县志》载：“山谷居民，日食杂粮……居城市者，贫富皆饭稻。”白米好吃，但山乡苦地吃不到。

据考，清代“改土归流”后，湖南古丈厅的水稻品种增加为9种，无奈土地不给力。乾隆间《永顺府志》载：“乃郡地多山、少田、土寒、水冷、树艺无法，稻谷不蕃。土、苗穷幽跻险，攘剔烧薙以艺黍、稷、菽，粟。民食所资，杂粮为多。”对湘西土家族人而言，红薯、苞谷、洋芋、荞麦等杂粮就是主食。妇女善于粗粮细做，可将各种杂粮做出不同的花色品种。如土家族人基本的菜谱之一“合渣”，是用浸泡后的黄豆磨成粉，加菜叶、豆饭、苞谷饭合煮而成。经此一番炮制，粗粮变得易于下咽、久吃不厌。

“锅子”：只愿围炉话家常

所谓当局者迷，《潇湘晨报》著名行动派、深入湘西山山水水无数次的老记者徐向东，在聊起湘西吃食时，一直纠结：“湘西多山，多河流，由于地理阻隔，各个地方都不一样。吉首、芷江侗族、永顺、通道和凤凰，吃的都不一样。通道与广西龙胜交界，张家界的山货特别棒……”怎么总结呢？突然他眼睛一亮，“一定要说说湘西的‘锅子’！美食不仅仅在美食本身，火塘上的锅子，是湘西人饮食的最大特色！”

客观地说，湘西地区长期贫穷落后，要在吃食上讲究“色香味”，对尚未“仓廪实”的他们来说有点苛刻，这也是湘西菜品难入各种美食大赛评委法眼的重要原因。但湘西人也在追求温暖与欢乐，每日辛苦劳作之后，面对粗简的食材、缺油少盐的窘况，还要营造美食气氛，怎么办呢？他们想到了一个事半功倍的解决方案——把各种食材都下在一个锅里。

这真是一项美妙的发明。土家族的乡亲们就非常喜欢吃锅子，他们名之为“炉子菜”。通道侗族除夕之夜守岁，全家围在火塘边吃粥，叫“年羹饭”。而最著名的锅子，当属张家界名吃“三下锅”。当然，今天我们在旅游景点吃到的“三下锅”，已经更新换代过多个版本，有干锅等花式变种。但“咕嘟咕嘟”的传统锅子这种美食方式，在整个武陵山地区还都显著地存在着。人们不在乎吃什么，而在乎大家围坐在炉火前，食物必须冒着热气，锅必须是火锅。无论荤素一锅炖，塘火不熄，宴席不止。除了将进食发展为放松身心的社交聚会外，还有学者从中总结出吃锅子有“驱寒气、煮死病气之物，并能‘温中元’、防病延年”的功效。这让人对此看似简单粗暴的饮食方式油然而生敬意。

徐向东回忆他早年去湘西山区时的故事。刚开始，接待他的老乡也学汉人，置办了一桌子炒菜。后来吃到酒酣耳热，老乡也跟他熟不拘礼起来。“搞嘛，搞点舒服的！”将所有菜都倒进锅子里，大家开始了气氛更为热烈的后半场欢叙。

围炉喝酒，或许就是湘西人对美食的理解。

物

在湘西的餐桌上

撰文 非牛 摄影 尹忠 插画 文一

怀化靖州县三锹乡地笋苗寨的黑米饭和油茶

蒿叶和蒿叶粑粑

明前蒿叶青，野地鸭儿芹

时令往往是世间最顶尖的烹饪大师，要吃到最好吃的蒿菜粑粑或是鸭脚板，还必须是春天的时候去湘西。

清明假最后一天的下午，在湘西州首府吉首工作的吴明明离开老家永顺前，亲戚们给她送了一大堆东西：酸菜、腊猪腿、羊肉和蒿菜粑粑……

“这个猪，不是你们那里的猪，味道就是好一点。”

“这个粑粑一定要拿上，回去比一比，看哪家的粑粑好吃。”

这些理由，让吴明明无法拒绝。在朋友圈晒出这些东西后，被她的一个长沙朋友看上了，艳羡不已。

在永顺，用来做蒿菜粑粑的“蒿”是青蒿，一种菊科蒿属植物，常长于山脚溪边，有异香，有人喜欢，有人不喜欢。一年生的它们二月底或三月初开始把嫩嫩的羽状裂片的叶子从湿湿的地里撑了出来，清明节前，它们一般都能长到3寸或者5寸。与此同时，山上或路边梧桐树的新叶也已经舒展开来。人们将上一年的糯米和籼米，依各自对糯米的喜欢程度，一般是按7∶3的比例，各取一些磨成粉。先取少量米粉和捣碎的去了涩的青蒿加温水在热锅里搅拌——这叫“打纤”。待锅里的米粉和青蒿成了糊状，再把它们舀出与其他米粉和在一起。揉匀，再揪出来压成一个个椭圆状的饼，包上盐菜肉丁、剁椒肉丝、辣子豆腐或香黄豆加糖等，用桐叶包好后上锅蒸熟。

蒸熟后的蒿菜粑粑里，桐叶的清香、蒿菜的异香以及米粉和其他作料的香交融在一起，香气扑鼻。最外层的桐叶变成了褐色，但里头被它包裹着的蒿菜粑粑却仍是好看且让人有食欲的青色。

蒿菜粑粑宜趁热吃，在四月初的这种乍暖还寒的天气里吃蒿菜粑粑，那满嘴溢香、细软带糯的感觉让人顿觉春天的美好。

在永顺和凤凰等地，也有用猴栗叶和芭蕉叶包裹蒿菜粑粑去蒸的，而在它们南边，如怀化的溆浦，则基本上只用桐叶包裹，名字也由“蒿菜粑粑”变成了“桐叶粑粑”。

春天的湘西，是野菜遍地的湘西。有着三小叶、中间小叶片呈菱状倒卵形或心形叶片的鸭儿芹，因为叶子很像鸭掌，在湘西被称为“鸭脚板”。

鸭脚板入口腥香：有芹菜的滋味，但又不全像芹菜水气那么重；细品有点像红薯尖，带点韧性和粗糙，但又比红薯尖野气。它的清香和绿是从无序的野地里带来的，清炒过后，颜色不减，香味不减，让人难以拒绝。

叫得响，吃得香，各种血和鸭

有湘西人出了湘西后闹过笑话，到长沙的饭馆，让人给上一盘鸭脚板，结果，端上来的，是一盘卤过的鸭掌。

真正长着鸭脚板的鸭，从湘西北到湘西南，也为湘西人所喜爱。

湘西北的凤凰，出名的是血粑鸭。但有的宰客的饭馆，你点了血粑鸭，店家给你上的是鸭血粑，而把鸭肉另作他菜再卖一次。他们欺瞒外地客人不知道，血粑鸭是血粑和鸭的混合。杀鸭时将鸭血滴入事先浸泡好的糯米中，等鸭血凝固了，再上锅蒸熟，蒸好放凉后，切片或切块，放到油锅中炸酥后即是可以端上桌的鸭血粑。这样的鸭血粑，加入与干椒、香叶等爆炒了后又黄焖了一段时间的鸭肉，再一起焖几分钟，直至血粑焖软，再起锅，便是正宗的血粑鸭了。

凤凰的血粑鸭有名，往南，闻名的是芷江鸭，再往南，闻名的是洪江鸭，最后名头最响的，是湘西南的永州血鸭。

洪江鸭会用上甜酱，芷江鸭会抹上蜜，但它们在各自“产地”以外的受欢迎程度，不如永州血鸭。

永州血鸭的做法起源，现在有种谬传，说是某年月太平军的洪秀全率军攻打永州，某天准备晚餐时，厨师匆忙中没把鸭毛拔净，就把鸭血倒入锅中，好让洪秀全不看到鸭毛，又说洪秀全觉得拌入了鸭血的鸭肉很好吃，问菜名，厨师结巴，说不出，洪秀全的妹妹洪宣娇说就叫永州血鸭吧。

这个说法乍一听好像挺有意思，其实多半出于热爱永州血鸭者的附会。行军打仗，时间紧迫，杀头猪，可供数百人吃；杀只鸭，顶多只够七八个人吃，而且，虽说拔鸭毛麻烦，真要做鸭，且是给首长做，火头军是不敢不把毛拔净的，还有就是，给首长掌勺的大厨，不可能不按首长喜欢的口味去做菜，更不可能临时起意新创一种做法。

2013年夏，我曾在江永的一个小镇吃到过非常可口的血鸭。老板说他其实是厨子世家，曾祖父、祖父是清末和民国永州城里的大厨。他说，其祖父把永州血鸭叫作“零陵血鸭”或者“醋血鸭”。秦始皇统一中国后，曾在今永州地域设立零陵县，之后几经变革，唐武德四年（公元621年）废零陵郡。所以很可能在一千多年以前，就有血鸭的做法。

为什么我吃过的诸多永州血鸭中，就觉得这一家的最正宗？那个老板说，原因是他放了“积菜水”。

积菜水即当地腌酸萝卜、酸辣椒的酸水，也即本地老人们所说的“醋”。鸭血滴在放了这种醋的碗中就不会凝固。其做法是将加了苦瓜或花生、芝麻、豆角等一起爆炒好的鸭肉在出锅前浇上鸭血，再翻炒一分钟左右，鸭血一变成酱色即出锅。那一次积菜水拌血炒出来的永州血鸭，香辣浓郁中略带着似有似无的微酸，确实别有风味。

油茶街上喝油茶，“小南京”里挑米粉

江永之行，最让我难忘的是朋友家自己做的油茶。江永是瑶族自治县，县城有一条油茶街。但朋友说，他妻子做的油茶比街上的好吃。

朋友的妻子当着我们的面做油茶，先是在锅里淋一圈茶油，然后放茶叶翻炒，不时拿铲子敲打茶叶，炒到满屋都是茶叶香时，放入捶烂的老姜和盐爆炒一分钟左右后，放水煮沸。

油茶须趁热吃。江永人吃油茶很有讲究，配着油茶一起吃的，有玉米饼、油炸糯米饼、水晶粑、狗肠粑等多种点心。初吃油茶，会觉得有些苦。但那苦味不会在口中逗留很久，稍稍歇会儿，口中的苦味就会在不知不觉间变成了香味。

朋友一家对油茶的喜爱或者说依赖，简直无以复加，他们的早餐一般都是吃油茶，甚至，有时晚餐也是每人一大碗油茶。

当然，大多数包括湘西人在内的湖南人，早餐最喜欢的，还是那碗米做的粉。众多远离家乡的湖南人，回家第一件事，往往是吃一大碗米粉，好像非如此就无以慰藉乡愁。在外省，说起湖南的米粉，大家都知道长沙和常德的米粉，实际上，雪峰山以西的那片地域做出来的米粉，有过之而无不及。

洪江古商城曾有“小南京”之称，2007年春，在沅水边这个有着数百栋明清窨子屋的古城，一条不知名的巷子口，我第一次吃到粗若竹筷的干挑米粉。干挑即少汤或免汤。我正担心那么粗的米粉，怎会入味，没想到一入嘴，干椒的香、油码牛肉的香以及米粉原本的香瞬间混合在一起，非常爽口。后来

才知洪江、安江和怀化城区的人，都喜欢吃这种粗粗的米粉，其中，安江的最为有名。长沙大学城区的渔湾市，近两年开了家安江米粉店，店里的米粉也即那种粗长的圆米粉。老板是一名曾在天安门广场值过勤的退伍军人，店里墙上贴满了明星们在天安门和他的合影。

涮岩耳、炸蜂蛹，常到湘西撞好运

湘西多山，诸多的美味因为山水的阻隔，很难被山外的人知晓和品尝，但对靠山吃山的山里人来说，山的挺拔和险峻从来不只是障碍，也是等待和守望。越是在高、险之处，就越有常人难以企及的美味。

岩耳是生长在张家界诸多砂岩绝壁上的一种地衣，又叫石耳。长岩耳的地方，大多是海拔800米以上、可接受到夕晒的峭壁。刚采摘回来的岩耳，朝阳面是浅绿色，背阴面则是灰褐色，与它搭档一起炖的，是土鸡。洗净的岩耳在翻滚的鸡汤中一涮，原本的腥味就烫去了，鸡汤的香与它原本的香瞬间交融到一起。

岩耳难得，要尝到它的美味，还非得碰运气不可。这种运气不是每个人都可以碰到的，所以，说起张家界的美食，一般人并不会推荐岩耳，大家能够想到的是张家界到处、随时都可以吃到的“三下锅”。

这些年，张家界为推广旅游，给“三下锅”也编了故事。说是明嘉靖三十三年（公元1555年），为抗倭寇，朝廷征调湘西土司兵上前线。永定卫茅岗土司覃尧之与儿子覃承坤及桑植司向鹤峰、永顺司彭翼南、容美司（今湖北鹤峰）田世爵等奉旨率士兵出征。时值阴历年关，覃尧之深知一去难返，决定与亲人过最后一个年，于是下令：“蒸甑子饭，切坨子肉，斟大碗酒，提前一天过年再出征。”于是腊肉、豆腐、萝卜一锅煮，名曰“三下锅”。上前线后，土司兵很快打败倭寇，收复失地，便有志书记下这段历史：“于十二月二十九日大犒将士，除夕，倭不备，遂大捷。后人沿之，遂成家风。”据说土司兵还得到皇帝亲赐匾额，上书“东南战功第一”。

其实，三下锅是冬天的一种懒做法。如今，下到锅里的东西，早就不局限于腊肉、萝卜和豆腐这三样了，肥肠、猪肚、牛肚、羊肚、猪蹄和猪头肉也纳入了下锅的食材选项，三、四、五种，随客人喜好来下。

怀化洪江的家常蒸煮腊肉

在湘西，还需碰运气的一道菜是油炸蜂蛹。湘西山里，胡蜂、黄蜂、黑蜂、土蜂等野蜂一年可以繁殖两三代，有的甚至可以繁殖四五代。尽管如此，蜂蛹却很难得，除了蜂蛹多在山上的大树或岩壁上外，还因为采集蜂蛹有被成年蜂蜇伤的危险。

去湘西多次，我就吃到过两次蜂蛹。一次是在湖南“鼻尖”上的新晃街边的土菜馆，那天我特别幸运，遇到了有山里人给老板送蜂蛹，凑巧尝了鲜。还有一次也是在新晃，一个叫“碧李桥”的乡里，赶上朋友家杀猪，去了两个屠夫。杀猪是第二天凌晨的事，头天下午就到了的屠夫们无所事事，在朋友家后面的山上瞎转，看到一个蜂窝，摘下来一看，好家伙，一窝的蛹。

在湘西，蜂蛹只有油炸一种烹饪方法。先将蜂蛹从蜂巢中取出，清水漂洗一遍，滤干，油烧至七八成，倒入锅里，用文火把蜂蛹煎炸至金黄色，洒些盐，翻炒匀了，便可出锅。

这是下酒的好菜！蜂蛹色泽金黄或焦黄，香气扑鼻，外脆里嫩。

漫漫合拢宴，酸鲤鲜到灵魂里

新晃古属夜郎国，现在是侗族自治县。地理概念上的湘西，侗族自治县有两个半，新晃外的一整个是与贵州和广西交界的通道，另半个是靖州苗族侗族自治县。侗家喜欢搞合拢宴——侗家好客，客人入寨，作为主人的侗人就会蜂拥而至，尽其所能哄抢客人，抢不到的就只好到客人多的家里去商量，要求分客人。客人多的家里则提出建议：没有客人的侗人可将自家的食物搬过来一起吃，桌子不够就架板子拼起来，这就是后来的合拢宴。

第一次在新晃吃合拢宴，唱着歌来敬酒，我不懂规矩，伸手接了，结果罚了一碗。侗家的规矩，合拢宴敬酒，被敬的人是只需张开

上岩侗寨的月地瓦活动中，侗族男方家长把抢来的姑娘接到自己的家中，烧好油茶热情款待。

怀化洪江托口镇的小店阿姨在煮米粉

侗家酸鱼制作过程

①

②

③

④

⑤

❶ 将鱼捉来后，用清水养1-2天，让鱼吐尽腹中杂物。将鱼洗净剖好，不去鳞，并用食盐涂抹全身。

❷ 将凉糯米饭拌以食盐、酒曲、辣椒面、生姜末、五香粉等，洒酒使之略黏，称为『糯糟』。

❸ 将鱼破腹，清除内脏，用食盐浸一天之后，再用米酒浸两三夜。将准备好的糯糟灌入鱼肚，外面也涂抹均匀。

❹ 腌鱼的制作时节多在寒露至霜降这段时间。其存放工具是木质腌桶。腌桶的制作非常讲究，主材是杉木，最好用外层腐朽后剩余的杉树芯或老杉树的枝条，上下等径，四周密箍篾圈。

❺ 桶坛底层先垫糯糟，而后鱼、糟层层相叠，至距桶口尺许，以糯糟覆盖。

⑥

❻ 至此行将大功告成，再用姜杆或楠竹笋壳叶、棕巴掌、棕片等覆盖，称为『鱼被』。鱼被上面盖三块圆形盖板，上压三块圆石头。个把月后，桶盖下陷，桶内有香气溢出，即可启食。

嘴喝的，不能用手触碰盛酒的器皿。后来在通道吃合拢宴，侗家阿嫂唱着歌来敬酒，我就老老实实只把嘴张开。

两次合拢宴给我印象最深的，除了敬酒，就是侗家的腌鱼和腌肉。

侗家腌肉，大多用新鲜的土猪肉；腌鱼则大多用塘里捞起的两斤以上的土鲤鱼。鱼和肉都不易保鲜，将粗粗的盐巴撒在鱼身上，反复搓、抹，直至表面不见盐的痕迹。侗家的腌鱼和腌肉是酸的。酸味来自糯米饭。鱼和肉抹上盐后，再裹上蒸好的糯米饭，放入坛中，封好。糯米在腌制过程中产生乳酸菌，这是鱼肉变酸的原因。鱼肉在坛中封上半年左右，原本腥味十足的它们便可直接食用了。

据说最晚从明代开始，侗族人便掌握了制作腌鱼、腌肉的技术。相传侗族人的祖先原以狩猎为主，收获不稳定，有时多了吃不完，有时少了要挨饿。于是一位极富智慧的先民想了个办法：将吃不完的猎物切成小块，与吃不完的糯米饭和辣椒装入木桶，用树叶等物盖上，再用石块紧压，便又狩猎撵山去了。十来天，半个月，甚至一个多月后返回，将存放在木桶中的食物取出，那兽肉不但不腐臭，味道还鲜美可口。从此，大家效仿、改进腌制方法，世代相传沿袭。制作腌鱼、腌肉遂成为侗族人的绝活，腌鱼、腌肉也就成了上好的待客之物。

当然，现代糯米腌酸肉鱼无论从制作方法、烹饪技术，还是添加的调味原料来看，都较传统的更为可口、鲜美。除了裹糯米饭外，还有一种制作方法是拌以细碎的糯米面或玉米面，分别一层一层放在不同的土罐缸子里腌浸，一个月后，就可以取出食用。可以炒吃、油炸煎吃、火烤蒸吃、炒小红椒吃，但尤以油炸煎吃最佳。糯米腌酸鱼，也是苗族待客的上乘美味佳肴。

第一次吃腌鱼腌肉，被告知是生的，我起先有抵触心理，后来，夹在手里了，放又放不得，只好硬着头皮去吃，没想到，起初的不习惯、应付似地嚼一两口就吞下后，会有些喜欢唇齿间鲜鲜的酸和甜。

或许是对客人勉强应付腌鱼腌肉的态度见多了，侗家为照顾客人，有把腌鱼腌肉煎熟或烤熟的。但对侗人来说，最好吃的，还是未被加工熟的腌鱼和腌肉，那是他们最觉亲切、最贴灵魂的味道，他们的祖宗把这种味道已经植入基因，世代相传。

醋萝卜与酸苹果

物

撰文 曹萍波 摄影 孙建伟

越是泡菜这样普通的食物，越充满了历史感。

饮食，是一道隐形的拥抱。

我相信每个地域都有饱含地域特色的饮食文化，比如我的家乡有种传统食物叫“擂茶”，就是把老树茶叶用油炒至微焦，爆出茶香时，再加入浓浓的生姜熬煮。等到茶汤、姜香双双凛冽，汤内再加上花生、炒米和芝麻，调得喷香一碗，佐各种小吃，比如葵花子和山楂糕。记忆之中，擂茶的香，是一种被油爆过的茶香，太野，常吃会上瘾，所以从我们那里出来的人，即便去乡多年，走到天南海北，也会怀念故乡的擂茶。

湘西州也不例外，走到州府吉首市，问起当地的特色小吃，乡人一定会告诉你：“醋萝卜。”吉首醋萝卜一直很有名。醋萝卜味道酸甜，还可以依据个人喜好选择加辣子——微辣、中辣或暴辣。湘西人无辣不欢，而醋萝卜刚好满足了酸甜辛辣，所以在湘西人眼里，它香得人都要浮起来。

在现在的湘西苗寨里，每户村民的饭桌上，都会有一样酸辣菜，如闻名遐迩的酸汤、腌酸鱼、牛肉酸、猪肉酸、酸辣子、酸萝卜等等。最常见的当然是一种家常小汤，名叫“酸汤”，其实也是一种菜汤。采选白菜中已开始发黄的叶片，在阴凉处摊摆晾上一两天，使叶片呈萎黄色，然后洗净、切碎、装坛，吃之前，再用酸汤煮。制作酸汤也有讲究，必须是用米汤或豆腐水，放入瓦罐中发酵三到五天，不仅可以煮菜，还可以用来煮肉和鱼，湘西特色的酸汤鱼就是这样制作而来，极其开胃。

吉首姑娘在出嫁之前，母亲会教她们一些持家的手艺。每一个女孩成为女人之前，都会经过这一重味觉和嗅觉的考验。制作醋萝卜的方法并不难，但不是简单地用醋泡，而是用一种特制的酸水泡。每一户主妇的厨房旮旯里，都有一坛上了年岁的秘制酸水，就像上了年岁的卤水一样，酸水是经年不腐的。它是一个主妇岁月的凝结，也是她手艺的明证，一般来说，每一户的酸水因各有不同，都是不传之秘。

而要制作酸水，不是没有普适的方法，比如，首先准备一个泡菜坛子，然后加上干净的饮用水，再加入盐，盐要尽可能的多，再放入泡椒、花椒、生姜、白酒和料酒，然后放进去一些新鲜的蔬菜，比如长豆角和藠头。放进去的第一批长豆角和藠头，叫压坛子，因为这两样菜都可以泡很久。最后就是盖上坛盖，等上一个星期，水就酸了，这就是酸水。

自古湘西主妇的泡菜，都是这样制作的，想吃什么酸辣泡菜了，就丢点进去，一两天就可以捞起来吃了。辣椒、包菜、黄瓜、萝卜，甚至于水果，都可以泡着吃。而正是这样的吃法，最能体现山民的智慧。当新鲜的蔬菜吃进嘴里已经寡然无味，唯一的办法就是将它们封存，篡改味道，经过漫长的浸泡，任何时候捞出来，吃进嘴里融化到最后，蔬菜最初的香甜依然能够复活。这就是苗民储存食物的方式。山里的光阴不也是这样，它永远是浓缩的，一天长似一年，一年等同一天，一个酸坛可以是一天，也可以是一代人。

但如果只用酸水泡，还不算湘西醋萝卜的特色，最美味的醋萝卜一定离不开一种东西，那就是油辣椒，当地人叫“油辣子”。一碗酸辣菜，加上一勺油辣子，更是锦上添花。湘西人对待辣子的态度虔诚，外乡饭馆里的油辣椒，一般是依靠机器打成粉，再调和香油花生芝麻等搅拌而成，但湘西人不这样，他们懂得，最美味的辣子，一定是人工选用最优质的乡下辣子，然后用石臼慢慢捶捣成粉，再用烧开的油淋，最后加进一些调料，比如花生和芝麻。这样做出来的油辣子，没有工业染料添加出来的鲜红色，呈现健康的橘红色，虽辣而不腻，虽油却清爽。

如今，在整个湘西地区，醋萝卜做得最好的人叫王承桂，今年63岁，人称“王婆”。第一眼见到王婆时，我觉得她有湘西女人的特点，不算好看，但是有种野路子的齐整，肤色微黑，颧骨高高，面颊紧绷绷的，黑眼睛直勾勾地看人，薄薄的嘴唇总是略张着，花甲老人了，还带着一点懵懂的无邪和无知。

王婆的拿手菜是酸辣醋萝卜。那天在她家里落座后，她给我上了足足一大盘酸辣菜，折耳根、辣萝卜、刀豆、莴笋、青椒，不一而足。另有小吃三种，紫菜酸汤、酸辣米豆腐和酸辣空心粉，满满地摆了一桌，我看得瞠目结舌。而最令我惊讶的是，湘西人居然连新鲜苹果也能泡，一只只苹果浮在酸水里，捞出来切成四瓣，放进嘴里的第一口，那香味难以形容，简直令人发疯，不像苹果往日的鲜香，而是一种略略内敛的幽香，微酸微刺的味道，恰恰好地掩盖了苹果的甜，嗅之即目明神定，更别说吃的时候那种果香辣子香浓香郁郁的感觉。每个人也许都对苹果很熟悉，这种水果活该是果中之王，但一定不会有太多人吃过酸辣醋苹果，啊，那味道简直能洗去半生的腌臢。

我觉得这才是湘西人。自古楚地有灵气，味道也特别，就不要说辣子和醋萝卜这种满带历史感的食物了，即便是在长沙街头巷尾风靡不已的臭豆腐，也都有它不可为外乡人道的芬芳。你很难想象，一种切不可于鼻端下细闻的恶臭，在湘人眼里，竟有种说不出的异香。而正宗的湘人吃臭豆腐，要像吃蛋一样，不能一口吞，要咬开一口，用舌头探尽里边的汤汁儿，因为铺满了葱花，汤汁滋味臭绝却葱香满口。最地道的饮食或风物大多是这样吧，古怪、浓烈，一般外乡人碰不得，有爱之者或恨之者，都为之耿耿难忘。

造腊肉的工厂

物

撰文 胖姑 摄影 李锋 等 插画 文一

刀刃起落，腊肉被片成齐整的方形，一片片、油汪汪倒在砧板上。脂肪已成全然透明的金黄，润泽如琥珀；而在“琥珀”之上，是微微泛紫、玫瑰色泽的瘦肉。一片肉，居然让人想到琥珀和玫瑰，对肉的认知，由此刷新。

田云宇跟腊肉打了几十年交道，熟悉到失去任何浪漫联想的可能，他想的都是最本质的事：做好腊肉。

湘西人太爱腊肉了，那是只属于此地的味道。

往年，腊肉的库存是一户人家财力的象征，灶台上挂着的腊肉越多，也就意味着家境越殷实。湘西人看重腊肉，在女婿给丈母娘拜年、答谢媒人这样的郑重场合，腊肉是当仁不让的心意之礼，而媒人通常是要收下一整只腊猪头的。

腊肉之所以叫腊肉，是因为通常在腊月开始制作。以前杀年猪往往是一项出动全村的盛大作业，每家每户轮番相互帮忙。湘西至今保留着一道“名菜”——杀猪菜，就是杀猪时招待前来帮忙的乡邻的菜，多是新鲜的猪内脏杂烩。一部分生鲜猪肉年里吃完，剩下的，就用来制作腊肉。不管现在能吃到的腊肉有多好的口味，制作腊肉的最初目的却与美味没有直接关系，人们只是想尽可能地延长它的保存时间。

人们对食材保存方法的探索很早就开始了，这门古老的生活学问在各地山区就形成了各种独门秘技：盛产竹笋的浙中山区，各类笋干是可以持续一整年的美味；气候潮湿的四川山区，人们热爱花椒，同时也专注泡菜；至于徽州臭鳜鱼，则是在腌制过程中横空出世的独特风味；而湘西，人们习惯在腌制之后，再加以烟熏，效用看似矛盾的脱水和发酵的两个过程，

对肉食爱好者来说，腊肉应该是湘西最值得期待的美味了。整条的腊肉挂在作坊中熏烤，油光中泛着金黄与玫红相间的色泽，只属于湘西的味道油然而生。

就在漫长的时间里逐渐融合，最终成就一条地道的湘西腊肉。

如果说广式烧腊是温柔精致的甜妞，那湘西腊肉就是粗犷豪爽的汉子。旷日持久的烟熏形成墨黑坚硬的外层，湘西人欣赏这种粗粝的原始。而在浏阳东乡和以黑茶出名的益阳安化，这两个湖南腊货也非常出名的地方，人们相对注重腊肉的好看爽利，在制作和原料上也稍有不同：东乡人在腌肉时要烧锅，将肉和盐一起翻炒至均匀；安化则更多用野猪肉，不过近年也日益稀少。

熏，除了能够造就烟火气息的独特风味外，也是保质的良方。现在湘西山区很多地方还保留着烧柴火的灶台，或许最初不过无心把腌制的肉挂在灶台上方，多日熏腾之后再吃，发现口感和味道竟格外不赖，烟熏便作为一项超越实用功能的手段被保留了下来。我在隆回县虎形山的花瑶村子里见到山民的厨房，一盏昏黄的灯是唯一的光源，影影绰绰可见屋顶和墙上垂下的一条条粗壮深红的腊肉。那悬着的肉条滴落的油脂往往能在锅里溅起一片滋滋声，无论炒的是山里的嫩笋还是青红辣椒，都能沾染上肉油丰腴的醇香。

路过隆回县城，我们在一家小餐馆点了腊肉之后，老板娘拖着一条腊肉砸在地上，“铛”地掷地有声，其外层简直是一层坚硬的黑壳，几乎无从下刀。老板娘笑嘻嘻地说，就是这样才好吃。而田云宇也说，腊肉是隔年的好。腊月腌制烘熏，缓慢发酵之后，口感将在来年下半年达到极致。

不仅是猪肉，各样食材都能用来熏制，比如鱼。抵达湖南的第一天，我就在长沙城外产瓷器的铜官镇上见到了用米糠熏着的鱼。那看上去像一个自制的灶台，半截铁皮桶里装了米糠，热炭埋在里面，所以不产生明火，米糠得以慢慢受热，直至成灰，过程中产生的隐隐甜香的烟雾足够把镂空铁丝网上排着的肉和小鱼熏熟。尽管还没被做成菜，那种香艳的肉感已经让人无限向往。后来我在浏阳吃到一种口感紧实的鱼，拌着辣椒简单蒸了，吃到嘴里是足足的嚼劲，又足够入味。当地人说这叫“抱阳鱼”，一说做法，我才在脑子里将其和先前所见联系起来，恍然大悟，不动声色再多夹了几筷。

后来我又在邵阳吃到当地独有的“猪血丸子”，听人介绍，也是熏制的。据说猪血丸子原本是“豆腐丸子”，是寺院的吃食，流传出来之后人们就把原料豆腐替换成了凝固的猪血，揉碎之后用葱姜香料调味，制成丸子后烟熏几天，就能吃了。后来又有人在猪血里加了肥肉以调和口感，逐渐成为今天的样子。说它是“丸子”，成菜却是圆形片状的，最外一圈焦焦的黑色，里面是猪血的粉红，间或夹着透明的肥肉，和大蒜菜椒辣椒一起炒了，下酒下饭都必不可少。

之前湘西出了个号称“桂花熏制”的腊肉，很是博人眼球。我出于好奇向田云宇询问，他笑笑，说，我这里没有这样的做法，桂花干了之后，再加上烘焙，还能有多少香味呢？他带我们去看他的烟熏房，成林的腊肉映入眼帘，木质燃烧特有的烟火香扑面而来。两块水泥墙隔出一个烟熏间，底下凹槽里铺着烘熏的材料，上方两三米就是肉条。每一个隔间上面悬挂的肉就有一千多斤，而这样的隔间有十几个。

值得一提的是那些熏料，除了松树枝柏树枝，还有茶叶、米和茶果壳。米是事先炒

【冬笋炒腊肉】

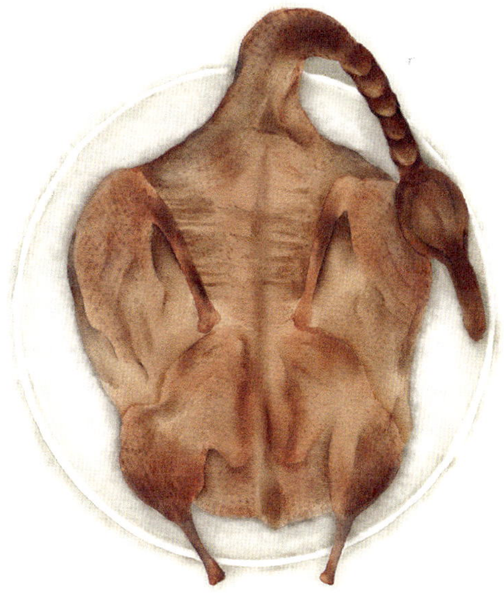

【辣蒸腊鸭】

【湘西腊鱼】

【猪血丸子炒腊肉】

刀起刃落，外表粗粝的腊肉露出了细腻的里色。一粗一细间，蕴藏着世代传承下来的多层次口感之妙，体现着舌尖上的匠心。

烧皮是腊肉成肴上桌前最后一道不可或缺的工序。经水洗、灼烧过的肉皮变得微焦而松脆，既便于刀切加工，也丰富了口感。

湘西人到了冬天喜欢制作腊味，鸡鸭鱼肉皆可入腊，图为洪江人晾晒的干鱼。摄影_尹忠

过的，微微泛黄。茶果壳是剥落了茶籽去榨油之后剩下的青壳。就这样日日夜夜，松柏的清香，炒米的暖香，茶和茶果壳的清香，一丝一缕地渗入肉的每一丝纤维里。白天加料烘熏，晚间余热尚存，一夜自然冷却之后翌日继续加料。烟熏的过程通常要持续三个月，有时长达半年，由此铸就湘西腊肉的灵魂。

腊肉工厂的空地上挂着成排的腊肉，它们组成了一片悬空着的酱色的丛林，地上是星星点点滴落的油脂。这些腊肉已经经过一两个星期的腌制和初期的烟熏。用手捏一下，是几乎不能按下去的硬度，烟熏完成之后，它们还会变得更加坚硬。

掂量一条沉甸甸的腊肉，难免会觉得无从下手，因为就算是用标准的中国厨房菜刀，也不见得就能整齐地片下老腊肉。这之前还需要一个不可或缺的过程——烧皮。

田云宇厂里的工人正拿着火枪，在烧几块洗刷干净的腊肉。水洗后的腊肉露出如泛旧宣纸那样的皮色，经过火烧之后，变得微焦。而这将给最终端上桌的腊肉足够紧致弹性的口感。事实上，皮在火烧之后就半熟了，在接下来或炒或蒸的过程中再逐渐熟化，吃进嘴里因而极具立体感。

以往人们吃腊肉前都要自己来做烧皮的工作，考虑到这终究挺麻烦的，工厂就直接将烧好皮的腊肉切割分装。这也很合年轻人的快节奏生活：买回去直接倒在锅里煮就行了，根本不用动刀子。

龙巴优酿的苞谷烧

物

撰文 曹萍波　摄影 张谨 等

几年前的塑化剂风波，将湘西酒鬼酒推到风口浪尖。一场喧嚣之后，我们适时转身，来重新探寻传统的苗寨酒香。水酒、米酒、重阳酒……苗寨美酒众多，而其中堪称苗族酒文化典范的，当属『苞谷烧』。在苗族抗清民间叙事长诗中就有『弯弯的牛角号吹了九十九转哟，苞谷烧酒筛过了九十九巡……苞谷烧酒桌上摆哟，哥兄父老个个喝得醉醺醺』等诗句。苞谷烧清香味甜、十里传香，饮之清爽可口，醉时不使人头痛，醒转也不会感到身体疲软。这是其他酒无法比的，也是其风靡苗寨几百年的秘诀。

湘西人管“玉米”不叫“玉米”，叫“苞谷”，“苞谷烧”其实也就是玉米酒。

在湘西花垣县补抽乡大卡苗寨的夜里，乍喝到苞谷烧的第一口，我觉得它像可乐的味道，满嘴甜糯之下，潜伏着极细极尖的一点刺鼻酒香，在暗夜里毫无方向地乱窜，一定神就消失。但第二口下肚，才觉得先是喉咙，再是胃部，都开始火辣辣地发烧，像喝下了一撮火苗，舔着夜晚滚烫的边缘，眼前的整个寨子，顿时显出暖洋洋的醉意。让远道而来的游子如我，顿时觉得：嗳，苞谷烧这种酒，就合该在这样初春微寒的小雨夜喝！苗寨深处，听阿婆唠嗑，与阿公换盏，屋檐下雨落纷纷，打在新绿的芭蕉树上，这才是南方的春天啊。

湘西人喜爱苞谷烧是出了名的。湘西在古代又称“苗疆”。古时候，苗族祖先因为灾荒战乱，被迫走到边蛮的深山里，繁衍生息，且因为借酒可以壮胆，湘西男人多数也勇猛好斗。

龙巴优酿的苞谷烧在湘西最有名，我循着他的大名而至。越野车七绕八拐地转进大卡村，密集的青瓦房层层叠叠，房屋与房屋之间的间隙非常小，只容一辆车通过，当地居民见外人倒车困难，站在路边，咧着嘴笑：“早些年，我们村里没有通车，路不用修得太宽啦。”

我在村口的那棵大榕树下见到龙巴优。那天落着微雨，初见之下，老头儿身形矮小，踩着一腿的污水赶过来，路边人家里，有位老阿婆一边跟他招呼，一边支着炉在做午饭，盖子一掀，明晃晃的一锅白米饭，映得人满脸生光，简直感觉阴雨天都跟着亮了一亮。龙巴优说，在苗寨里，不会有更多花哨的食物，一天吃两顿，早上八点吃一顿，晚上八点再吃一顿，每一顿都是米饭。在远离外界纷扰的苗家人眼里，大概没有比白米饭更有神性的食物了，如果一定要有，那也只能是苞谷烧，暄软，滚烫，烧得能蒸出人两泡眼泪，却

精选出来的苞谷籽颗粒饱满、色泽金黄，经过一系列神奇的转化后，它们中蕴藏的精华将汇聚成火辣醉人的酒浆。

软得又像在吞吃自己舌头。苗家男人每一顿饭都离不开苞谷烧。然而好的酒，大概不过就这样，吃起来感觉不到它的存在，却像云一样，把所有的食物捧得更高更美妙。

酿成今天远近闻名的“苞谷烧”，龙巴优已经用了30年的时光。常住人口仅有400人的大卡苗寨，现在的村民都把地种上了烟草，本地生产不了足够的苞谷。每年秋天，龙巴优会从外面购进2.5万公斤苞谷籽，然后选取籽粒饱满、无霉无虫蛀的苞谷，放在两口容量为200公斤的大蒸锅里蒸，他说这是第一道程序，目的在于蒸干水分。

“因为酒最怕水啦，有水的话酒曲会坏啦。”他说。

蒸苞谷籽的火候很有讲究，龙巴优的经验是，等到把手放在苞谷上，手掌不被打湿时，说明苞谷籽蒸好了，这一道经验是他经过了很多年摸索出来的，一开始，他也失败过，一大桶苞谷籽，总是底下火大的先熟了，上面火小的熟不了。后来他发现，蒸苞谷也是有讲究的，蒸的过程中要洒上三遍水，洒第一遍时，把底下已经蒸好的苞谷籽翻上来；洒第二遍时，再翻，依次三遍洒水之后，整桶苞谷籽才都算是蒸熟了。

蒸好后的苞谷籽需要“摊凉”，龙巴优说起要摊凉的原因，“要把温度降到36摄氏度以下啦，不然会发烧，热天降得慢一些，冷天降得快。”当所有蒸熟的苞谷籽被摊放在上百个竹篾簸箕里，整个酒坊的气温也会陡然地比平时高出十几度。受不住的时候，龙巴优喜欢打着赤膊干活，干活特别兴奋的时候，他还会唱山歌，动作也有了节奏感。58岁的龙巴优是土生土长的苗家人，微黑，敦实，有健硕的身材。

春天里，气温不算太高，苞谷籽摊凉两个小时，就可以撒上酒曲了。龙巴优说玉米粒与

经过近10个小时的蒸煮，苞谷粒都炸开了，颜色益加鲜黄。龙巴优说，煮好苞谷是酿酒成功的第一步。供图_湖南新闻联播

蒸煮之后的苞谷还要进行散热冷却，再过两个小时才可以放入酒曲。

酒曲的比例大概是，一百斤苞谷，放6~7两酒曲，具体要依照温度而定，冬天多放点，夏天就少放一点，“不然的话，酒曲放多了只是浪费，酒还会有苦味”。之后，和上酒曲的苞谷籽就能“上堆”了。龙巴优在酒坊里特意打了四口一米深的池子，专门堆放摊凉过后静待发酵的苞谷籽。这个发酵过程，冬天需要三天三夜，而夏天仅需两天，发酵的好坏，是决定整批苞谷烧能否成功的关键。龙巴优说，“如果超过三天不发酵，就是说温度超过三天不升高，那就是坏了，冻死了；如果发酵过于厉害，意味着酒曲放多了或者气温太高，酒就会酸掉。”

这长达七天七夜的发酵过程，前三天是龙巴优最为焦虑的。他会不断地打开薄膜看一看酒凼里的苞谷籽是否有了“娘水”，再尝一尝已有的酒醪，他说酒曲催生的“娘水”一旦出现，酒基本就不会坏了，这意味着后面的四天四夜，他可以安稳地睡上几个整觉。

等到发酵完成，苞谷籽也像经历了一场炼狱，上堆前的金黄色转换成暗沉色，扑着酒香味的“娘水”会渗出来。这时候，还需要放进蒸锅蒸8个小时，过完这一道蒸煮关，苞谷籽就变成了只能喂猪的酒糟，流出来的才是高达56度的纯正“苞谷烧”。

苗寨里，或许是因为闭塞，男人没有其他爱好，多数都好酒，我住在龙巴优家里的那几天里，每天都能看到用竹篓子背着孙儿孙女的老人，定时来龙巴优家里买上二两苞谷烧，二十块钱一斤的烧酒，二两酒也就是四块钱。如果向他们问起如此痴迷苞谷烧的原因，老人只是摇着头笑：“就是馋呗。”在龙家屋前或坐或站，喝完后，他们才会心满意足地沿着来时的石板路回家。或许寨子里的光阴太慢长，一天即是一年，百无聊赖，无所事事之下，难免要有什么东西刺激一下味蕾和身体，于是每至昏沉午后，时针疯转，天光如魔，催着男人们走向寨子的酒香深处。

这里的男人女人都能喝上几两苞谷烧。在幽谧的大山中，在质朴的苞谷烧面前，无论是勤劳的龙巴优，还是嗜酒如命的老人，一切的人事都可以被原谅，几两苞谷烧摆上，就能喝出醉生梦死的狂欢感，环绕的群山正在融化，变成液态，变成烟，变成微尘，男男女女吸入它之后，人人不约而同地陷入集体癫狂。这种自酿的粮食酒，比谷酒浓度高，比高粱酒香醇，是最湘西的酒。一口进肚，有苞谷和烈日混在一起发酵后的醇，像眼泪

把晾晒好的苞谷粒倒进发酵池，等待进行酿造苞谷烧最重要的一个环节：发酵。

苗寨里的男人大多好酒，苞谷烧是他们围坐在一起共度闲暇的必需之物。

那样灼伤唇舌，催人泪下，也催熟了年轻的阿哥阿妹。

16岁就嫁到龙家的石阿妹，是龙巴优的小儿媳妇，今年23岁，却已经是一个7岁女孩的妈妈，勤劳、开朗，能喝下半斤苞谷烧。

好山好水好湘西，湘西汉子多豪侠，这片地域自古就是英雄土匪遍生之地，在这世界上，如果有两样东西是完全契合的，那一定有苞谷烧和粗陶碗，如果有什么酒能匹配得上“大碗喝酒，大块过肉”的肆意豪迈，大概也只有苞谷烧。三五汉子可以恣肆汪洋，天南海北，或只为喝酒而喝，不为应酬巴结，醉了后，也能倒地即睡。

而一年之中，遇到湘西盛大的节日，苗族人也喜欢用酒来款待贵客，这是他们世世代代传下来的隆重的待客方式。当一缸缸的苞谷烧放到芦笙场或铜鼓坪上，远道而来的客人被簇拥着走进寨子里，好客的湘西男人会举起牛角劝饮，这时鼓乐齐鸣，不会喝酒的客人也没有不一饮而尽的理由。而如果你足够留意观察今天的湘西汉子，会发觉，他们血脉偾张的豪爽，依然有迹可循。比如他们大多黑黝健硕，看着你的时候，眼神里似有刀刃反光，那开得很宽的两道剑眉之间，仿佛能躺得下一个女人，流着酒与血。

记得在苗寨里的那几天，我每天天不亮就起床，走到寨子里，看看村民的生活。在大山里，他们的人生日复一日的单调，也没有所谓的大事或者小事，“反正再大的事情都能靠酒解决”。村里的老人都知道，当纷争起的时候，苞谷烧是一种软化剂，它使先前还野嚎如狼的村民，被酒精回收，当酒瓶相撞，尖锐的矛盾在酒的作用下也尽为消弭。也正是这个原因，苗家人饮酒的花样数都数不过来，因时间、地点和对象的不同而有不同的称呼，如“拦路酒”“进门酒”“嫁别酒”“半路酒”“转转酒”“平伙酒”“鸡血酒”，等等。所有喧闹的宴席上，无酒不欢，就像所有琐碎的日常里，也要靠酒去刺激那一点生活的意志。

苗寨的夜黑得很早，周围的山重重叠叠压过来，仿佛盖住了半边天光。村民们八点钟就上床睡觉，那时的天还没黑透，云朵雪白，清晰可辨，我住在龙巴优家的木阁楼上，从阁楼的窗户远远地望出去，镶嵌在水杉中央的村落，慢慢地有灯火流动闪烁，一个盛大的夜正在发酵。我在一片浓郁的酒香环绕中沉沉睡去，那天夜晚，苞谷烧吃了我的梦，它大概也吃过无数苗寨人的梦。

湘西的老房子多数用桐油上漆，经年累月，会有一种古朴的质感。摄影_田薇

物

湘西的油

自然馈赠的琥珀

撰文 田薇 插画 文一 摄影 张蓮 等

油菜花、油菜籽

在漫长的岁月里，莽莽武陵山脉隔绝了湘西与外界的沟通，蜗居其中的山民恪守着古老的生活准则，巫傩盛行，以各种仪轨表达着封闭世界里对自然的敬畏，自然也回馈给山民最天然的食物和环境。

取植物而得油脂，在这里就非常自然。根据调查研究，湘西州内遍布油脂植物，物种组成复杂，全州共分布有95科、244属、464种，占全国油脂植物总类的47.64%，几乎成为一个天然的植物油库。目前已无法考证到湘西先民何时开始利用植物获得油脂，但可以想象人们获得那琥珀一般的液体时的兴奋，与动物脂肪的膏状不同，植物油脂的琥珀色，天然就让人有亲切感。

小时候我住在县城郊区，每天总能闻到空气中飘散的醇厚的香味，大概是从小习惯了这种味道，也不觉得有什么独特，直到某天散步才发觉这种味道来自于附近的一家榨油作坊，歪歪斜斜的木房子里黑漆漆的，阳光偶尔从屋顶上碎裂的瓦片中射下来，光柱中细小的微尘抱着油香飞舞，倘若时机刚好，还能看到光柱打在刚榨出的新油上，折射出迷蒙的一层光晕，煞是好看。

榨植物油的古法工序大抵是一致的。

将油脂植物的果实采摘，经过晾晒、剥壳、烘烤，再将烘烤后的油籽倒入环形的碾槽内，利用水力或者牲畜拉着大石磙，围着碾槽不停转圈，将油籽碾压成粉末，倒进一个大型的甑子里面开始蒸，待蒸到适当的湿度、香味也特别浓厚后，便开始做饼，用准备好的稻草、铁圈细致地把粉末压牢，先是用脚踩紧，再用稻草裹住，使之成型。饼做好后，就可以放进由几米高的大树根做成的油榨肚中，大概放置十多个饼之后，再在开口处加上木楔子，让油饼均匀受力。

一切就绪后，师傅们铆足了劲，紧攥着绳子，俯身、后退、蹬地，齐喊一声“嘿”，木撞杆携带着师傅的重量落下向行楔击去，“轰！”行楔即慢慢地向油仓嵌入。如此反复，一滴滴的香油从榨床沁出，香气四溢，飘香数里。随着撞杆的撞击，楔子一点点吃紧，工人一次又一次地更换楔子，那油饼便一点点变薄，直到被榨干……

这样的法子可基本保持不变，但里面的内容

可变，湘西的菜籽油、茶油、桐油，左右都是如此而得。

菜籽油：三月桃花含面脂，五月新油好煎泽

每年立春过后不久，南风徐来，吹开遍野黄花，湘西人就知道，榨菜籽油的时候到了。

油菜是湘西最重要的油料作物，这里的气候、地貌都很适合种植油菜，经过一番等待，谷雨之后，便到了梁元帝所谓“三月桃花含面脂，五月新油好煎泽”的时刻，新油榨成，用来烹调土家族和苗族的特色食物，正是锦上添花。

因境内湿润多雨，湘西的食物取“酸辣”为主调，湘西的辣已经完全溶入菜中，浸透到湘西人的骨子里去了，往往是一碗菜里半碗辣椒。虽然菜油本身味道比较重，但是一旦和刺激的辣味相遇，就能碰撞出最奇妙的化学反应，几乎有一种天雷勾地火的宿命感，仿佛唯有湘西产的菜籽油，才能配得上湘西那蚀骨的辣。譬如炒鸭，取本地土鸭一只，配以辣椒、八角、桂皮、花椒等，用纯正菜籽油爆炒方能出味，辣中又略带些许麻，十分爽口。

这琥珀色的油在当地人眼里，除了食用，还有其他的功用。小时候我倘若不小心被烫伤，外婆总会拿出一点菜籽油抹在伤口处，她和其他的老人一样，坚信这种来源于土地的油脂能和大地保护人一样，仔细地呵护弱小晚辈身上的任何一处伤口。

茶油：芳香滋补味津津，一瓯冲出安昌春

《山海经》曾云：“员木，南方油食也。”“员木”即油茶树。

油茶金贵，只生长在南方的丘陵山区，数

明亮而金黄的油菜花带来的不仅是美学上的享受，菜籽中丰富的油脂更丰富着我们的厨房、滋润了我们的口腹。摄影_尹忠

油茶花、油茶果

量极少，历史上曾是“皇封御膳”用油。其油性稳定、色清味香、营养丰富，油质好，且耐储藏，不易酸败变质，品质优于橄榄油。李商隐曾在品尝茶油之后感喟道：“芳香滋补味津津，一瓯冲出安昌春。”

茶油和湘西名产腊肉还有一道缘分。如果欲将腊肉长期贮藏，最好是将其淹没在茶油坛内，可保永不变质。茶油与山珍“大牛”牛肝菌也可比肩起舞。湘西食菌的最高境界是茶油与牛肝菌合作而得的菌油。将鲜菌阴干，放入茶油中用文火慢慢煎，渐渐将鲜菌中的水分榨干而不焦煳，然后将菌油倒入罐中贮存，吃面条或米粉时，浇上一勺菌油，其鲜香绕梁三日而不绝。

油茶在湘西并不少见，有时候房前屋后也会有一些油茶树，秋天的时候开出一朵朵白色的花，及至花落，也是完整落地，绝不含糊。油茶果倒是有些粗糙，表皮活像长满了麻子。榨油之后留下的油饼，湘西人叫作“茶枯”，闻着有一股奇异的涩味，其貌不扬。但即便是这样的残渣，也被湘西人用到了生活的各个角落：少女把它捣碎了洗头发，头发又黑又顺；渔民把它放到水里“闹鱼”，据说捕到的鱼肉质还会带着点油香。而金贵的茶油本身，除了食用，湘西土家族的女子还会用来擦拭身体，这样保养下来，身体会有淡淡香味，还会使皮肤富有弹性。

桐油：一船桐油下，十船白银回

与菜油、茶油不同，桐油不可食用，主要用来制作防水漆，问世之初尤多应用在木船上，船体、船具，都得用桐油细细粉刷，以作防水、防腐之用；也有大量涂抹于木器之上，以免水汽入侵；更有用来制造油布、油纸、油篓，甚至还有制造成书写的墨水、燃灯的燃料等。

油桐是我国四大木本油料植物之一，《齐民四术》对油桐的特性有较为详细的记载：“桐子，古名椅桐、白桐、泡桐、荏桐，材中乐器，子取榨油。树以梧桐而小，叶更大。子形如柿，先花后叶，月令所谓桐始花即此。宜朝阳高歌之地，耐旱易长。子生者，一年三四尺。根分者，一年五、七尺。九、十月收子。正月耕地种如榆，明年即收利。”

桐油不能入口，却极大地影响了湘西人的口粮——它曾一度左右了湘西的经济社会发展，桐油贸易盛极一时的年代，湘西多地因

油桐的桐花、桐籽

它富裕，山民因它过上了好日子。

当年，每届春初，桐花怒放如雪，漫山遍野，美不胜收。能有此景，皆因湘西地处武陵山区，地盘大、山川多、坡度小、土质肥沃、气候温和，发展油桐有着得天独厚的优越条件。

清代，由于桐油利用范围的逐渐扩大，需求量大增，永顺府等各级政府大力推进桐油、油茶等油料树种的种植，清王朝在税收等经济政策上也加以鼓励。凭借得天独厚的自然条件，湘西成为清代著名桐油产区，整个湘西山区的油桐树沿山种之，自上而下，和列井然，“伞形桐树，星罗棋布，比比皆是”。

桐油给湘西人民带来了财富。据嘉庆间《龙山县志》记载，当年古丈县商业“以桐油为大宗，年约四十万元”；龙山县“每岁桐子开花，有桐之家缺日用，向有钱者预领，油价言定，油若干斤，钱若干两……自四月起至八九月，按月多少为差，十月兑油，或兑桐籽，如期不得误”“桐籽或自榨以给油料，或出售于油坊，以此为生计，每岁总值达千万以上”。民间更流传着“一船桐油下，十船白银回”和“家有千株桐，永世不受穷”的民谣。据民国时期国内商业部门史料记载，湘西桐油在质量方面居全国第一，数量方面占全国的五分之一。

在湘西，桐油被大量应用于房屋、船只的防水处理。凤凰县阿拉营镇的黄丝桥村内，还保存着一截古朴的城墙，它是由糯米蒸熟之后搅拌石灰浆与桐油勾缝筑成，牢固至今。沈从文在《湘行书简》中也提到了用桐油修葺船体：“……有许多待修理的小船皆斜卧在岸上，有人正在一只船边敲敲打打，我知道他们是在用麻头同桐油石灰嵌进船缝里去的……”如今，走进湘西深山中的小村寨，仍可见上了年纪的老木房子，一律的黑灰风格，正是当年用桐油漆过后，经年累月的风化成果。这种油与木的结合，穿越了时间，留下的色彩和历史感已经无法复制，它们一起印证着远去时间的背影。

如今的湘西，菜油仍是民间烹调用油，茶油更是成为与橄榄油媲美的油中珍品，而桐油，经历过繁华无数，最终走向了落寞，如今的酉水上，已经不见当年一桶桶桐油往下输送的盛景，但是它所书写的历史，却仍如自己的色泽一样，纯如琥珀，折射出那段时光的无数侧面。

榨油的老工艺

传统的手工榨油坊由双灶台、碾盘、榨槽木和悬空的油锤组成。榨油坊一般建在村落集中、水源充沛、绿树掩映的小溪岸边。一般每年农历四月底开始榨油。手工锤榨油的工艺大致可以分炒干、碾粉、蒸粉、做饼、入榨、出榨、入缸等七个步骤。用此法榨出的油与机械压榨的油有很大的不同。前者香气沉郁、颜色金黄，并且热度低，桶底没有渣滓沉淀，可搁置的时间也比机榨油要长。

茶油果经过晾晒、剥壳后得到的茶籽进入榨油的第一道工序“烘烤”。烘烤后的茶籽倒入环形槽内，由一头牛拉动石磙不停碾压，当地人称之为“牛赶碾”。

碾碎的茶籽要倒入铁锅进行蒸煮，使其油性物渗出。

蒸煮好的茶籽粉用稻草进行包捆，在稻草的底下垫有一个铁环，用于固定成型后的油饼。

包扎好的茶饼须放在榨肚内，上加木楔，使茶饼受力均匀。

油榨师手握绳子，后退、仰身、猛冲，口中长啸，锤楔崩击，大地为之震动。

撞击十来次后，亮晶晶的茶油就从木榨肚内流了出来。

分工有序、技艺娴熟的榨油师

古丈毛尖
一芽藏一心

物

撰文 田薇 摄影 李锋 等 插画 文一

小小的一叶毛尖，从枝头嫩芽到杯中之物的流转过程中，凝聚了不知多少茶人的匠心。摄影_吴越

揉制与翻炒，看似简单的过程，隐藏着世代传承的匠心。古丈毛尖的味道如何，全仰仗这一道道看似简单实则富含内功的工艺。

一座天然茶室

粗瓷大罐，淡青色的茶汤里叠满了密密麻麻的毛尖，喝完了再往里添水，也不会没了滋味，这就是古丈普通百姓的茶生活。古丈是少数民族聚居地，以土家族、苗族为主，民风淳朴，亦有剽悍之处，他们性格耿直，不喜绕弯，繁复的工夫茶泡法在这里并不算是主流，更普遍的是大罐泡茶，牛饮、细酌，各有乐趣。甚至古丈人说起喝水，其实就是指喝毛尖茶水。

对于一个自小生活在古丈的人来说，毛尖，仅仅是一种生活方式，和其他开门六件事一样，平凡到几乎不可觉察。

古丈是陷在绿色里的山城，中间是城，城外便是肆无忌惮蔓延开的绿，这绿，很大一部分来源于茶树。这座小到“一户炒菜满城香”的县城，遍植茶树，山上是茶，门前是茶，屋后也是茶，像是天然的茶室，四面环山，香气舍不得外溢一分，好像从地理位置上也印证了“毛尖”二字的内涵：藏精于尖，绝不泄了灵气。

古丈城位于楚蜀通津的要塞，早在春秋战国时期就与中原地区有着广泛的政治、经济、文化交流。三十多年前，考古队在古丈河西白鹤湾发掘了上百座战国楚墓，出土千余件文物，巴、楚、原住民遗物共存一穴。史学家推测，战国时期这里曾有数场鏖战，短兵相接时，巴人种茶、制茶的技术和饮茶风俗就传入了古丈，出土文物中，即可见茶壶、茶杯、茶井等茶具陪葬品。

战火早已消散，茶文化却润物无声地留在这片土地上，生根发芽。早在东汉时期，这里可能已是全国茶产地，《桐君录》记载：“东汉时代的永顺以南（酉阳），似列入全国产茶地之一。”及至唐代，古丈所产的茶已臻于贡品，方志中出现了“唐代溪州以茅茶入贡”的字样，所谓溪州，即古丈县罗依溪镇会溪坪村。自此之后，古丈毛尖一路摘冠夺魁，成为茶中翘楚。

温柔地采摘茶青

清明前后，烟雨迷蒙，古丈进入了一年中最富诗意的季节。山色空蒙，茶芽初绽，茶山之内，绿色之外，平白多了桃花的粉、梨花的白、油菜的黄，间或还有紫云英如热烈的小火焰，穿插在各种色彩之间。高高的桐花从树上掉落，进山采茶的人会将它们踩成一条小径，几场雨水过后，化成泥土，又滋新芽。

采茶的人有茶农，也有闲着的老人、孩子。清明前后十天是古丈毛尖采摘茶青的最佳时间，为保证人手，中小学还有专门的“农忙假”，7～10天不等，专门去帮茶农采摘。我小时候对于茶叶的感知，基本上都来源于这个假期。记得第一次采茶前夜，因为太激动，我抱着竹编的茶篓睡了一晚上，唯恐错过时间，连衣服都不愿意脱下。

进茶山的路并不崎岖，很多茶山就在居民屋后，被春雨浸泡得松软的路又被采茶的人踏实。大家的采茶工具也不尽相同，一般来说都是在胸前挂一个竹编篓子，扁圆有腰，下大上小，倘若是经年累月用来盛茶的篓，会因为与衣物、茶树的摩擦而产生一种油润的光泽，篓内还会散发阵阵清香。

这种篓挂在胸前方便易行，但是对于采茶能手来说似乎容量不够，于是一些个中高手就用上了背篓。同样是竹制的器具，虽容量巨大，但因为背在背后不易操作，除非是功夫深厚，一般人不会选择。

“毛尖是有灵气的，你带着什么心情采，是能喝得出来的。”这是许多年后，一位品茶多年的朋友偶尔透露给我的真谛。但是多年前，茶农们就通过行动告诉我，他们的手对待茶青是很温柔的，从不用尖利的指甲将其折断，而是用指腹轻轻摘离树枝。用指甲掐断的茶青就好像被暴力对待的儿童，很快就委顿叛逆，出不了好成茶。

采摘的天气也要小心选好，生怕惊扰了茶树的休息。“晴天上午，没有露水，最好。”外婆当年背着背篓采茶，我就跟在她后面，看她矮矮的身躯定在茶丛之间。这一“定”字，也颇有讲究，“不采完这棵树，就去采下一棵树，树会生气，就不发芽了”。这是当年外婆对我东采一棵西采一棵的训诫，带着哄孩子的语气，但时隔多年再回想，似乎颇有哲理。

茶人认真对待一棵茶树，用指尖触碰枝端，与大地完成一次奇妙的交流，采撷最嫩的一芽一叶或一叶二芽。茶仿佛也在期待异日沸水冲泡，香气四溢。这一时急时徐的过程，几如人生——脱离故土，几番寒暑，艰辛跋涉，终得自在。

释放来自土地和雨水的秘密

茶青采摘下来，清除杂质后就会被薄薄地摊在竹席上，待其水分蒸发均匀，便进入杀青、初揉、炒二青、复揉、炒三青、再揉、整形、提毫、焙干、拣剔等工序，每一步都直接影响后续口感，必须全神贯注、心手合一，方得好茶。

进入这一时段，整个古丈城都浸泡在似有若无的茶香里，在机器制茶尚不普及的十几年前，这是我最喜欢的时节。

我家离学校较远，从学校步行到我家，几乎横穿了整个古丈县城，而那条狭窄的小路上布满了手工炒茶的作坊，作坊的工匠会在门口支起大锅，烧旺了柴火，一遍一遍在铁锅里摔、打、揉、捏那些刚刚采下来的茶青，让这些嫩绿的精灵接受炙烤、摔打，把从土里带来的灵气全憋在一芽一叶里，就等最后那一冲，释放所有的来自土地和雨水的秘密，惊艳世人。

湘西自治州保靖黄金茶最古老的母茶树园里，闲暇间，苗族姑娘小伙子正在用柴火烧水煮饭。

在当年的我看来，那些因为热而裸着上身的叔叔伯伯们是粗粝的，他们的手因为长期炒茶呈现出一种厚重奇异的质感，但不可否认，炒茶时自然散发的清香诱惑是巨大的，我总是徐徐漫步，舍不得错过萦绕在鼻尖的香气盛宴。

好几次，我被香气吸引，站在炒茶的大锅前看他们炒茶，他们脸上的神情是专注的，好像这个世界其他的事情都与他们无关，只剩下了他们的手和手上的茶，甚至在那一刻，眼睛、思维都不重要了，重要的是手、心、茶三点合一，彼时彼刻，茶就是人，人就是茶，人是如何，茶就是如何。

几经辗转，从土地到指尖，到锅间，再到装袋成品，毛尖终于迎来了绽放。古丈毛尖就像人与自然的使者一样，把人心种在土地上，长出细嫩的芽叶，再释放清香，一芽藏一心。

茶在中国文化中被赋予了很多形而上的内涵，是天地精华与自然灵性的物化体现。采茶，则被看作人与土地间的一种仪式性互动，动作要轻柔，心境要平和，中国文化传统中对待人与世界的理想态度在茶山上得到了实现与延伸。

双花盛放雪峰山

14岁便在家乡当导游的花瑶女孩子奉婉君，笑起来还是羞涩的。

即使金银花年年都开满村落，奉婉君仍然珍惜每一次与它们的相遇："将来我要把金银花做成香水。"街头偶遇的寥寥数语中，她这句话说得最爽快。她梦想着能制出金银花的香水，自己随时能闻到，还有更多的人像她一样因金银花而喜悦。

后来她南下去了深圳。在城市街头，嘈杂中飘过金银花香时，奉婉君心中的故乡会倏尔清晰起来，思念与慰藉都因花香而弥漫 。

金银花常见，单独看起来并不惊艳，因为实在太细长，失却了花的姿态。但如果铺天盖地地绽放在眼前，也会有惊心动魄的美。

在湖南雪峰山两麓，每年夏初，正是金银花的海。当然从2005年起，我们要更正说，是山银花或灰毡毛忍冬的海。

名称源流

《本草纲目》中称金银花为"忍冬"。现代植物学分类，金银花与山银花是同为忍冬科忍冬属的不同种植物。而作为药材，人们长期将"金银花"与开黄白两色花的忍冬科植物等同起来，两种银花都是药材"金银花"的药源植物。

1977年版的《中国药典》在金银花标准中增收了其他三个植物来源，其中之一便是灰毡毛忍冬（山银花）。从2005年起，药典将两种银花分列，但是性味归经、功能主治完全相同，一直到2015年最新版，依然如此。

金银花入药时选用含苞待放的花蕾，蕴含着比花朵更强的“打开”力量，更利于发散解表。摄影_李锋

雪峰山的馈赠

雪峰山斜斜纵穿湖南，止于洞庭湖。山上自古就生长着金（山）银花，因此湘西一地，流传着许多关于金银花的故事。比如史书与民间记述中的瑶山瘟疫，当地医生用金银花配合其他草药进行治疗，或煎水泡澡，或制成药丸服用，救治了很多山民。

雪峰山两侧的溆浦县与隆回县之间，有全国唯一的花瑶部落聚居区，“瑶山”的俗称由此而来。这里平均海拔约1 300米，种植有大量的山银花。古人称之为“忍冬”，是因为这类植物凌冬不凋。从雪峰山山脚下一直到海拔1 500米左右，常可见到山银花或金银花的踪迹。大面积种植之前，它们多以野生状态存在着，当地人对它们的使用并不加以区别，一律用作“金银花”。

湘西地区的瑶、汉游医，习惯了上山采摘金银花配药，很多疑难杂症都要用到它。《新化县志》记载了明代以后，隆回县民间医生用花蕾入药，收效很好。中医世代传承，民间口口相授，“我们这儿的小孩子感冒了，发烧了，就抓一把金银花冲水喝，很快就好。冬天没花的时候摘藤枝代替，吃后还可以解毒。”隆回县的老中医邹石根说。

每年金花银花盛放的时节，正值花瑶部落的节日“讨念拜”，届时族人涌向瑶乡的崇木凼一带举行聚会，游人则来这里体会“赶苗”的热闹，兼顾赏花。在崇木凼村村口，古树群落遮天蔽日，平均树龄已经几百年。古树四周，那些一簇簇一丛丛、吐纳着绿色枝条的灌木，就是金银花或山银花了。

冬采藤条，夏用花蕾，这些花开双色的植物，和苍肃的古树一起，构成了花瑶人恒久不变的生活背景。

“金”色褪却

从卫星上看隆回，是雪峰山东麓遮蔽下的一片平原，它西北角的小沙江地区却直直攀到了雪峰山山坡上，由小沙江、虎形山、麻塘山三个乡镇组成，山银花年产量曾经达到过全国总量的一半以上。

曾经的夏初时节，空气中浸润着沁凉的花气，勤快的村妇采花阴干后售卖，贴补家用，孩子们则将花蕊摘下来吮吸清甜的蜜汁。渐渐的，自然的给予越来越不能满足时代生活的缺口。依山居住的人们开始寻求出路。忍冬耐寒，可以作为高原经济作物，又有原生品种，似乎是雪峰山高山地带最好的选择。

邹石根藏有一部祖传药典《珍珠囊补遗药性赋雷公炮制药性解合编》。他从箱底翻出这本已经发黄的书册，熟练地找到有关金银花的段落：“金银花，味苦甘。性平微寒无毒。……久服延年。”

老中医邹石根的另一个身份，是“新花农”。就是在邹石根的带动下，当地政府花了大力气育种。20年过去，湘西一带培育的金蕾、湘蕾等品种占据了市场大部分份额，从植物学分类来看，它们都是灰毡毛忍冬。在秦岭淮河以北的金银花，同样花开双色，但一簇上就只长两朵。而当地的山银花一簇上会长出几十朵，“一抓一大把”，正因为如此，灰毡毛忍冬被大量引种。

隆回县产山银花颇具声名，有“国家原产地域保护产品”的头衔，曾获“中国地理标志证明商标”。隆回县还曾在2002年获得国家林业部授予的“中国金银花之乡”的称号。广东知名的凉茶品牌曾将隆回作为主要的原

同样花开双色的山银花，比金银花的花序密集许多。摄影_杨敏

材料采购地，一时间，“隆回花贵”。

成也萧何，败也萧何。2005年药典中金银花、山银花分家独立，配方中的“金银花”均不可使用山银花代替。

金银花的清凉境界

老辈的玩家们曾提到，想培养骁勇善战的蟋蟀，首先要会制作金银花露。

听到“金银花露”的名号，我自然而然地把它当作金银花上的露水。小林大夫也曾经这样认为。被透露了这句秘诀后，他凌晨起床，用海绵棒去收集花上的露水。忙活很久，才发现此事不靠谱，再回转头去研究金银花露究竟是什么。

之后林之溪研读中医，成为临床执业中医师，在业内颇有口碑。他精研了金银花露的蒸馏方法，发现金银花清热解毒且不伤脾胃，在这个浮躁的年代，人比蟋蟀更需要。

金银花是《名医别录》里的上品药，被认为“久服轻身延年益寿”。陶弘景在《别录》里用的是藤，在农历的十二月采割，煮汁酿酒来喝，或者外敷。《本草纲目》中提到其茎叶及花功用相同。千百年使用到现在，金银花入药最多的是花蕾，含苞待放时采摘下来阴干，可以组方，也可以单用一味蒸馏成“露”。

凡清热去火的药材都偏凉，而脾胃天生喜欢温热。小林大夫喜用金银花，因为它对消化系统的刺激小，所以在众多清凉药物中显得尤为可爱。现代人脑筋转个不停，思虑伤脾，又添焦躁，非常适合用金银花代茶饮用来清静身心。且花气清轻，天然有提升人体契机，抵抗疲劳的功效。

对大部分临床中医来说，金银花或山银花的区分不是根本问题，毕竟它们的药性与功用

小林大夫经验谈：金银花最宜用摄氏95度的水浸泡，一次鲜花蕾可用5克，干花蕾用2克。摄影_张律堂

在药典中也完全相同。很多医生习惯在方剂中写“双花”或“银花”，在概念中就没有将两种银花分开过。

长久以来，使用或制作药材“金银花”的人都是用产地来区分，比如“封丘金银花”“隆回金银花”“平邑金银花”等。产地可以粗略地标识药材品质，道地产区出产的药材具有天然优势。多年来一直收集道地药材标本的小林大夫，最推崇河南的密银花，即新密产区出产。而隆回的山银花，当然也是可用的。

杯中双花自在开

距小林大夫采金银花露水已经数十年的光景，“金银花露”不仅不再神秘，且各大药店都有出售。可惜有太多的“糖味”，花本身的甘洌反而尝不出来。

用干花泡一壶来尝，草木清苦中有明显的回甘，夹着一丝甜香。除了饮用消暑，还可以泡澡、敷面，同样舒散余热，能防治痱子、消除炎症。雪峰山下的湘西人最方便，随手采来鲜花撒在水中冲凉，发散的力量减弱，却有芬芳的花气，在齿颊肌肤上留香。

忍冬适应性很强，生长于溪边、山坡，喜欢晒太阳，但是寒热燥湿种种不舒适，它也自在安然地忍耐下来。初夏花开时为白色，是“银子”，一两天后变为黄色，是“金子”，从从藤蔓中，金银两色的花朵点缀其中。“金银花”“双花”的叫法由此而来。

陶弘景为这些可爱的花朵们大发感慨，叹息人们“贵远贱近”，如此清新朴实、功效显著的植物，因为随处可见，而不被人们重视。不过，家乡的金银花也好山银花也罢，自有花瑶人来珍爱。瑶山上千年树、万丈崖，缠着丝丝缕缕的双色花朵，花瑶人把它绣满了裙子，织满了头帕。

山水中、巷陌间，双花自然而然地生长，抽枝发芽，花开花落，寒来暑往。

金银花与山银花之争有人解读为利益，有人解读为学术，也有人解读为地理差异。河南、山东的金银花在传统中药中确实功效更高，而南方山银花单体力量略弱，产量却大。北方气候偏凉，人的能量内敛，脾胃能够消化吸收较寒凉的药食；南方炎热，气血张扬，游走在四肢，清热时不宜用太过发散的药物。

一方水土养一方人，也许自然早就给出了最好的安排，我们只是在寻找而已。

图书在版编目（CIP）数据

地道风物·湘西 / 范亚昆主编. — 北京：中信出版社，2016.1（2023.10 重印）
ISBN 978-7-5086-5727-1

Ⅰ. ①地… Ⅱ. ①范… Ⅲ. ①地方文化－湘西土家族苗族自治州 Ⅳ. ①G127

中国版本图书馆CIP数据核字(2015)第283382号

地道风物·湘西

主　　编：范亚昆
策划推广：北京全景地理书业有限公司
出版发行：中信出版集团股份有限公司
（北京市朝阳区东三环北路27号嘉铭中心　邮编　100020）
（CITIC Publishing Group）
承 印 者：北京华联印刷有限公司
制　　版：北京美光设计制版有限公司

开　　本：787mm × 1092mm　1/16　　印　　张：16　　字　　数：150千字
版　　次：2016年1月第1版　　印　　次：2023年10月第5次印刷
广告经营许可证：京朝工商广字第8087号
书　　号：ISBN 978-7-5086-5727-1/G·1273
定　　价：68.00 元

服务热线：010－84849555　服务传真：010－84849000
投稿邮箱：author@citicpub.com